MERIAN*momente*

BRETAGNE

SANDRA MALT

W0178063

DIE BRETAGNE ENTDECKEN 4

DIE BRETAGNE ERLEBEN 20

DIE BRETAGNE ERKUNDEN 56

TOUREN DURCH DIE BRETAGNE 126

DIE BRETAGNE ERFASSEN 136

KARTEN UND PLÄNE

Bizarre Felsen aus rosafarbenem Granit: wilde Küste bei Ploumanac'h (▶ S. 90).

DIE BRETAGNE
ENTDECKEN

MEINE BRETAGNE

*Der äußerste Westen Frankreichs lebt von seiner rauen,
wilden Ursprünglichkeit, den kulinarischen Köstlichkeiten der
Küste und rätselhaften Zeugnissen längst vergangener Kulturen.
Ich entdecke auf jeder Reise etwas Neues.*

Es ist vielleicht doch eher etwas für Männer. Ich stehe in viel zu großen Gummistiefeln und dicker Winterjacke an dem kleinen Strand in der Rade de Brest-Bucht und versuche mit einem Hammer die länglichen Hohlaustern – »huîtres creuses« – von dem mit Seetang überzogenen Felsen abzuschlagen. Doch es will nicht so recht klappen. Fischer Joël Le Guirriec übernimmt die Arbeit lachend nach einer Weile. Schwupps fällt die Delikatesse ab, die wir später in Joëls Küche mit Baguette und Butter verspeisen werden. Noch stehen wir an diesem Vormittag im Watt. In der Ferne läuten die Glocken des Klosters Landévennec, über der riesigen Bucht im Westen weht ein leichter Wind, kreischende Möwen kreisen über dem Meer. Eine ruhige, entspannende Atmosphäre. Ein paar Segel-

◄ Regatta beim Segel-Festival »La Semaine du Golfe« (▶ S. 49) im Golf von Morbihan.

boote haben sich sanft zur Seite geneigt und liegen auf dem Trockenen. Das Wasser zieht sich hier zweimal täglich zurück und gibt die Weite des Wattenmeeres frei. Muscheln und Krustentiere werden auf diese Weise mit Nahrung versorgt und der Schlick weggespült. Das ist die Zeit, wenn die Strandfischer hinausgehen, um ihr Glück zu versuchen. Wenn sie die Steine nach Krebsen umdrehen oder Austern suchen. Eine Seite der Bretagne, die Gäste unbedingt einmal erlebt haben sollten.

LANGE STRÄNDE, BIZARRE FELSEN, QUIRLIGE BADEORTE

Ebenso wild präsentiert sich der Norden mit rauen, felsigen Küsten und langen, weißen Sandstränden. In der kargen Heide wachsen gelber Ginster und riesige Brombeersträucher, dazwischen türmen sich im Sonnenuntergang rosa glühende Granitfelsen zu einer spektakulären Landschaft – die Côte de Granit Rose ist einfach beeindruckend. Der Tourismus konzentriert sich an diesem Küstenabschnitt auf die Halbinsel im Westen.

Im Hauptort Perros-Guirec zeigen die Villen des letzten Jahrhunderts, dass schon zu Beginn des Badetourismus im 19. Jh. viele Stammgäste an die Nordküste kamen. Die Städtchen Ploumanac'h und Trégastel wetteifern um die schönsten Granitformationen: Auf dem berühmten, 7 km langen »Sentier des douaniers« können Wanderer rotbraune Gebilde mit fantasiereichen Namen wie »Schloss des Teufels« oder »Napoleons Hut« entdecken. Das Urlaubsgebiet mit seinen malerischen Buchten bietet vielfältige Möglichkeiten für Sportler, die Action haben wollen – sei es beim Surfen, Segeln, Tauchen oder dem »char à voile« mit bis zu 100 km/h.

Weiter östlich an der Nordküste werde ich immer wieder zur Schlemmerkönigin. In dem charmanten Fischerdorf Cancale züchtet man exquisite Austern. Eine halbe Stunde entfernt, in Erquy, stehen die Jakobsmuscheln ganz oben auf der Speisekarte. Gute Restaurants finde ich ebenso in der etwas trubeligen, aber dennoch gemütlichen Altstadt von Saint-Malo – dem früher allseits gefürchteten Seepiratennest. Eine gute Wahl für Gäste, die länger in einer Region bleiben wollen: Es gibt schöne Strände und viele Ausflugsziele in der unmittelbaren Umgebung, und Saint-Malo selbst ist ein attraktives Städtchen mit exzellenter Küche.

Im Westen der Bretagne schätze ich die alten Traditionen der Region. Manche Frauen im Bigoudenland tragen auch auf der Straße ihre eleganten Trachten mit den traditionellen weißen Spitzenhauben, den »coiffes«.

Gerade hier lieben die Menschen ihre historischen Volkstänze. Kultur-interessierte Urlauber sollten auf jeden Fall einmal ein volkstümliches abendliches »fest-noz« besuchen und zu den Klängen von Biniou und Bombarde tanzen – ein unvergleichliches Erlebnis. Kulturhauptstadt im Westen ist eindeutig Quimper, wichtige Folklorefeste und eine Menge Ausstellungen ziehen zahlreiche Gäste in die Stadt.

KELTISCHES ERBE

Die keltischen Wurzeln werden auch in der Sprache deutlich, die immer noch von über einer halben Million Bretonen gesprochen wird. Vor allem im Westen höre ich Bretonisch oft – auch auf der Straße. Und in der Nähe von Morlaix entdecke ich immer wieder schmucke Dörfer mit kleinen Kapellen in umfriedeten Pfarrbezirken. Ideal für einen Besuch am späten Nachmittag nach einem turbulenten Tag am Strand.

Meine Vorliebe für das Raue und Ursprüngliche stille ich auf den Inseln – wie etwa der Île d'Ouessant – draußen im offenen Atlantik. Hier setze ich mit der Fähre hinüber, im Gepäck immer den Drahtesel, da hier das Radeln fast mehr Spaß macht als das Baden. Das Meer ist ziemlich wild, und die Felsen in den Buchten erweisen sich teilweise als steil und scharf-kantig. Trotzdem lohnt sich ein Trip, auch wenn es nur für einen Tag sein sollte. Die beste Jahreszeit dafür ist der Herbst – wenn es so richtig stürmt und das Eiland seine ungebändigte Seite zeigt.

RIESIGE MEGALITHFELDER UND SURFER-PARADIESE

Die rätselhaften Zeugnisse vergangener Kulturen verfolgen mich im Süd-westen der Bretagne: Im nahen Carnac erstrecken sich riesige Megalith-felder. Hier zeugen Hunderte von Menhiren von der frühen Steinzeitbe-siedlung der Region. Doch die Halbinsel Quiberon ist nicht nur für ihre weltberühmten Funde aus dem Neolithikum bekannt, die kilometerlan-gen, breiten Sandstrände sind ein Eldorado für Surfer, Strandsegler und Badefreunde. Reizvoll ist auch der Golfe du Morbihan, Île-aux-Moines und Île d'Arz eignen sich gut für eine Wandertour oder einen Segeltörn.

Wer seinen Schwerpunkt im Urlaub lieber auf Kultur und Geschichte legt, der sollte die mittelalterliche Stadt Vannes mit ihren historischen Fachwerkhäusern, schmalen Gassen, den Parks und der alten Stadtmauer besuchen – oder das malerische Auray. Concarneau und seine ummauer-te Altstadt auf der winzigen Insel in der Hafenbucht mit ihren eleganten Segeljachten ist mittlerweile schon ziemlich auf Touristen eingestellt, aber dennoch einen Besuch wert. Am besten man kommt schon am frühen Morgen oder gleich am späten Nachmittag, schlendert durch die Gassen und gönnt sich ein Gläschen Wein am Wegesrand.

Faszinierend sind für mich ebenso die größten Salinen des Landes in der Umgebung der Salzmetropole Guérande: Die »paludiers« ernten das »weiße Gold« wie in alten Zeiten noch in mühevoller Handarbeit. Von jeder Reise bringe ich ein paar Beutel »sel marin de Guérande« mit, es ist direkt vor Ort erhältlich. Über Jahrhunderte verdiente die Bevölkerung an der Küste ihr Geld mit der Salzgewinnung.

Im Hinterland des Südens lockt der verwunschene, von Kanälen durchzogene Naturpark Grande Brière – melancholisch und märchenhaft. Das 40 000 ha große Naturreservat lässt sich hervorragend per Rad oder mit einem Holzkahn erkunden.

BRETONISCHE LEGENDEN UND SAGEN

An Sagen, Legenden und Märchen ist die Bretagne reicher als jede andere französische Region. In vielen Kirchen ist von kleinen und großen Wundern die Rede, in jeder Burg schlummert eine mysteriöse Geschichte. Ich wandere durch den nebeldurchzogenen Zauberwald Brocéliande nahe der kulturträchtigen Hauptstadt Rennes, in dem König Artus, der unsterbliche Magiermeister Merlin und seine geliebte Viviane gelebt haben sollen. Immer noch wachsen Efeu und Fingerhut in dem mit Quellen und geheimnisvollen Teichen überzogenen Laubwald – ein Ort zum Eintauchen in die Welt von König Artus und seiner Tafelrunde.

SCHLÖSSER ABSEITS DER BADESTRÄNDE

Für Liebhaber von Schlossanlagen und prachtvollen Landhäusern ist die Bretagne ein ideales Ziel: Viele der rund 4000 Châteaux, Herrensitze und Landhäuser sind heute entweder noch bewohnt, teilweise sogar zu besichtigen – oder bieten als Hotels oder Gîtes Gästezimmer für Urlauber an. Ein bretonischer Traum!

DIE AUTORIN

Sandra Malt, Reisejournalistin aus Düsseldorf, hat Frankreich vielfach bereist. Sie liebt die raue Urwüchsigkeit der West- und Nordküste der Bretagne, aber auch die Lebendigkeit der ummauerten Ville Close von Städten wie Saint-Malo. Begeistert ist sie von der Herzlichkeit der heimischen Strandfischer. Mit Joël Le Guirriec fährt sie zur Rade de Brest, um Meeresfrüchte zu sammeln.

3

MERIAN TopTen

Diese Höhepunkte sollten Sie sich bei Ihrem Besuch auf keinen Fall entgehen lassen: Ob das mittelalterliche Dinan, die bezaubernde Belle-Île-en-Mer oder die Korsarenstadt Saint-Malo – MERIAN präsentiert Ihnen hier die wichtigsten Sehenswürdigkeiten der Bretagne.

1 Vitré
Auf einer Anhöhe wacht die mittelalterliche Burganlage über das romantische Bilderbuchstädtchen an den Hängen des Flusses Vilaine (▶ S. 72).

2 Côte de Granit Rose
Malerische Klippenlandschaften mit Sandstränden und rosa schimmernden Granitfelsen machen den Reiz dieser Küste aus (▶ S. 78, 90).

3 Saint-Malo
Die alte Seefahrerstadt mit ihrer hübschen Altstadt ist Sprungbrett zu den Kanalinseln und gehört zu den Höhepunkten einer Bretagne-Reise (▶ S. 79).

4 Mont-Saint-Michel
Majestätisch ragt der Klosterberg aus dem Atlantik empor: Das französische Nationaldenkmal gilt als Meisterwerk mittelalterlicher Architektur (▶ S. 84).

5 Dinan
Die historischen Häuser, die alte Stadtmauer und die Lage hoch über dem Fluss: Dinan gilt als das schönste Bauensemble der Bretagne (▶ S. 84, 134).

6 Île de Bréhat
Eine bezaubernde Inselwelt mit rot leuchtenden Felsen. Wer es einrichten kann, sollte unbedingt eine Bootsfahrt dorthin unternehmen (▶ S. 54, 88).

7 Océanopolis, Brest

Wie verhält es sich mit den Gezeiten? Wie pflanzen sich Haie fort? Auch für Erwachsene ist der Themenpark der Ozeane, eine Mischung aus Museum und Aquarium, sehenswert (▸ S. 98).

8 Carnac

Rätselhafte Zeugnisse der Vergangenheit inmitten von Heiden und Wiesen: Mit 3000 von Menschenhand aufgestellten »Hinkelsteinen« liegt hier das größte Megalithfeld Europas (▸ S. 116).

9 Belle-Île-en-Mer

Die »Schöne im Meer« und größte bretonische Insel trägt ihren Namen vollkommen zu Recht. Ihre größtenteils wilden Küsten sind optimal für Wanderausflüge (▸ S. 117, 132).

10 Calvaire de Guimiliau

In lebendigen Szenen erzählen rund 200 Steinfiguren aus dem 16. Jh. auf dem Kalvarienberg des Örtchens zwischen Brest und Morlaix den Lebens- und Leidensweg Christi (▸ S. 129).

MERIAN Momente
Das kleine Glück auf Reisen

Oft sind es die kleinen Momente auf einer Reise, die am stärksten in Erinnerung bleiben – Momente, in denen Sie die leisen, feinen Seiten der Region kennenlernen. Hier geben wir Ihnen Tipps für kleine Auszeiten und neue Einblicke.

1 Auf den Spuren des sagenhaften König Artus ⟨⟩ G4

Als König Artus und seine berühmtberüchtigten Ritter der Tafelrunde noch gegen das Böse auf Erden kämpften, war der magische Wald der Brocéliande Schauplatz von schicksalhaften Tragödien und todbringenden Kämpfen. Noch heute können Sie bei einem Spaziergang durch die Forêt de Brocéliande mit ihrem hüfthohen Farn, den riesigen Eichen und Kastanien an kleinen, in den frühen Morgenstunden mit Nebel verhangenen Weihern den Zauber spüren. Ein Platz zum Träumen und Ritter Spielen. Der 7000 ha große Wald ist mit einem Netz von markierten Wegen versehen. Am besten parken Sie in der Nähe des Château de Comper und laufen einfach los.

Nahe Concoret | von Paimpont auf der D773 Richtung Saint-Méen-le-Grand, nach 6 km rechts in die D2 einbiegen

2 Frühmorgens auf dem Stadtwall in Saint-Malo ⟨⟩ G2

Auch wenn während des Tages viele Urlauber auf ihm spazieren gehen, sollten Sie eine Rundtour auf dem Stadt-wall in der Ville Close von Saint-Malo nicht verpassen. Die teilweise aus dem 12. Jh. stammenden Wehrmauern blieben während der Bombenangriffe im Zweiten Weltkrieg weitgehend unversehrt. Einige Treppenaufgänge an den Toren und Eckbastionen führen zu ihnen hinauf. In Höhe der Fensterfronten können Gäste ca. 2 km rund um die Ville Close laufen und bekommen so eine gute Übersicht über die wunderschön restaurierte Korsarenstadt.

Ein guter Ausgangspunkt ist die doppelbogige Porte Saint-Vincent für eine Tour gegen den Uhrzeigersinn. Über dem Aquariumsgebäude geht es zur Bastion, dem Fort de la Reine. Von dort haben Sie bei Ebbe eine schöne Aussicht auf Wellenbrecher und zerklüftete Riffe direkt vor der Ville Close.

🕐 Am besten früh am Morgen starten, dann ist die Stadt noch wunderbar ruhig. Saint-Malo | ca. 45 Min. Spaziergang ab der Porte Saint-Vincent

3 Wilder Zöllnerpfad an der Côte de Granit Rose ⚜ E1

Am westlichen Ende des Trestraou-Strandes in Perros-Guirec beginnt der »Sentier des Douaniers«, der soge-

nannte Zöllnerpfad (ein Teilstück des GR 34). Der 3,5 km lange, gemütliche Spazierweg führt knapp über der tosenden Brandung die Küste entlang in das hübsche Dorf Ploumanac'h. Fängt er noch harmlos an, türmen sich bald gewaltige, rosa schimmernde Granitblöcke zu immer bizarreren Formationen. Vorbei geht's an tollen Aussichtspunkten wie der Pointe du Squéouel mit Blick auf das Château du Diable oder Napoleons Hut – Türmen aus rosa Gestein – bis zum letzten Höhepunkt der Tour: die Bucht von Ploumanac'h mit ihrem märchenhaften Schloss Costaères auf einer kleinen Granitinsel im Vordergrund. Am Ende des Strandes sind gewaltige Blöcke zu einer »Bastille« aufgetürmt: Klettererfahrene Wanderer sollten den Aufstieg wagen und können von oben ein außergewöhnliches Panorama genießen.

Perros-Guirec | 2 Std. Wanderung ab Perros-Guirec nach Ploumanac'h und zurück | Infos unter www.gr-infos.com

4 Durchatmen am Leuchtturm Mean Ruz 🧍 ⚜ E1

Am späten Nachmittag ist vielleicht der schönste Zeitpunkt, um die kleine, dann hoffentlich einsame Bucht Pors

Kamor mit ihren riesigen Granitblöcken nahe der Pointe Mean Ruz aufzusuchen. Ein Ort zum Durchatmen. Wer hier ins Wasser gehen will, sollte achtsam sein und die Brandung nicht unterschätzen. Nach oder vor dem kühlen Bad bietet sich ein Abstecher ins nahe Küstenschutzhaus Maison du Littoral an: Es informiert über die Geologie und Entstehung der Rosa-Granit-Küste. Und zum Abschluss des Tages könnten Sie kurz hinüberfahren zur romantischen Plage de Saint-Guirec in die Youbee's Bar des Hotels Castel Beau Site und dort einen leckeren Champagner-Cocktail schlürfen, während Sie den Sonnenuntergang genießen.

Ploumanac'h | kleine Bucht rechts vom Leuchtturm Mean Ruz
– Maison du Littoral | Leuchtturmweg | Mitte Juni–Mitte Sept. Mo–Sa 10–13, 14–18 Uhr | Eintritt frei
– Castel Beau Site | Plage de Saint-Guirec | www.castelbeausite.com

5 Picknick an der Pointe de Saint-Mathieu ⚓ B2

Unmittelbar oberhalb einer schroff abstürzenden Steilküste liegen am westlichen Ende der Bretagne im Département Finistère der Leuchtturm Pointe Saint-Mathieu und eine verfallene Fassade einer Abteikirche aus dem 6. Jh. Manche sprechen auch vom Ende der Welt – »finis terrae«. Hier schreien die Möwen, und die Wellen des Atlantiks schlagen an das wilde zerklüftete Ufer. Eine ungewöhnliche Kulisse für ein gemütliches Picknick mit Rotwein, Käse und Baguette, doch es lohnt sich – auch für den einzigartigen tiefroten Sonnenuntergang. Fast fühlt man sich hier klein und verloren. Wenn das Wetter nicht ganz so mitspielen sollte, können Sie auch in der Bar des gegenüberliegenden Hotels Hostellerie de la Pointe de Saint-Mathieu ein Gläschen trinken. 🕐 Wenn die Sonne untergeht, ist es besonders schön – und es kann sein, dass man den Fleck ganz für sich allein hat.

Plougonvelin | hinter dem Ort befindet sich der ausgeschilderte Leuchtturm auf der linken Seite

6 Eine Radtour über die Île d'Ouessant 🚶 ⚓ A2

Eine einsame, karge Insel am westlichsten Vorposten des französischen Mutterlandes im offenen Atlantik. Optimal, um die Insel zu erkunden, ist eine Radtour quer über das nur 8 km lange Eiland. Es ist geprägt von wild zerklüfteten Felsformationen und kleinen Stränden, die aber eher für einen Spaziergang als ein Bad geeignet sind. Das Meer ist meist wild und rau, die Küste felsig und steil. Das Leben wird von der See bestimmt: Viele männliche Bewohner arbeiten als Fischer, Leuchtturmwärter oder bei der französischen Marine. Ganz im Westen erhebt sich der eindrucksvolle, 55 m hohe Leuchtturm Phare du Créac'h. Eine Insel für Radfahrer, die sich gern den Wind um die

Nase wehen lassen – und die raue, ursprüngliche Seite der Bretagne besonders in ihr Herz geschlossen haben.

Radverleih über Cycle Évasion | Tel. 02 98 48 85 15 | www.cyclevasion-ouessant.com

7 Entspannende Einsamkeit an der Plage de Pors   B/C 4

Die rau-herzliche Ursprünglichkeit der Bretagne kommt zwischen Saint-Guénolé und Audierne besonders gut zum Ausdruck. Ein etwa 25 km langer, dünenbegrenzter Sand-Kies-Strand, gegen den ein meist wild aufbrausendes Meer anbrandet. Zum Baden ist es hier leider zu gefährlich, Surfer und Funboard-Fans lieben den Abschnitt jedoch. Aber auch für einen kleinen, gemütlichen Spaziergang am Morgen ist es optimal, die Plage de Pors bietet sich dafür ausgezeichnet an – frische Meeresluft einatmen und sich wohlfühlen! Wer anschließend Lust hat, nun etwas frisches Gemüse oder Fisch auf dem Markt einzukaufen: In Le Guilvinec findet dienstags und sonntags jeweils am Vormittag ein bunter Wochenmarkt auf der Place de l'Église statt.

Pointe de La Torche zwischen Penmarc'h und Audierne

8 Rummel an der Grande Plage von Quiberon   E 5

Wer etwas Action und Rummel an der bretonischen Küste sucht, ist an der Grande Plage in Quiberon gut aufgehoben. Der Hauptstrand des Ortes in einer weiten, zum Meer hin offenen Bucht ist gesäumt vom Strandboulevard mit vielen Cafés, Geschäften und Restaurants. Wenn sich bei Ebbe das Meer weit zurückzieht, tauchen Sandbänke und Felsriffe auf. Und wenn Sie nach dem Strandbaden Lust auf ein paar frische Meeresfrüchte oder die beliebte Fischsuppe haben, sollten Sie die Bar L'Huîtrière am Boulevard mit tollem Blick direkt aufs Wasser aufsuchen. Bretonisches Savoir-vivre in seiner Reinform – einfach schön!

Quiberon | Grande Plage | Restaurant L'Huîtrière | 3, rue de Port Maria | www.restaurantlhuitriere.fr

NEU ENTDECKT
Worüber man spricht

Jede Region verändert sich – auch wenn vieles beim Alten bleibt. Durch neu eröffnete Museen, Hotels oder Restaurants gewinnen Orte und manchmal ganze Landstriche weiter an Attraktivität. Ebenso lässt sich die Region mit neuen Freizeitangeboten vielfältiger erleben und vielleicht sogar mit anderen Augen sehen. Hier erfahren Sie alles über die jüngsten Entwicklungen.

◄ Amphibische Landschaft im Golfe du Morbihan (▶ S. 17) mit der Île-aux-Moines.

SEHENSWERTES

Golfe du Morbihan 🚶‍♀️ ⚓ E/F 5

Seit Ende 2014 ist der Golf von Morbihan als regionaler Naturpark Frankreichs ausgezeichnet. Zahlreiche Flugenten, Seeschwalben, Kormorane und Stelzenvögel leben im Golf, der eines der größten Vogelreservate des Landes darstellt. Auf Bretonisch bedeutet der Name »kleines Meer« – 42 Inseln sind wie grüne Flecken im azurblauen Wasser verstreut. Etwa 2000 Sonnenstunden im Jahr, Orangen- und Zitronenbäume lassen den Golf von Morbihan im Süden der Bretagne mediterran anmuten. Lediglich eine schmale Meerenge zwischen Port-Navalo und Locmariaquer verbindet das Binnenmeer mit dem Ozean, das folglich den Gezeiten des Atlantiks unterworfen ist.

Eine Bootsrundfahrt ist deshalb der beste Einstieg, um von den vielfältigen Facetten des Golfs einen guten Eindruck zu bekommen. Empfehlenswert ist beispielsweise die in Port-Blanc oder Larmor-Baden beginnende große Rundtour mit Aufenthalten auf den beiden Inseln Île d'Arz oder Île-aux-Moines, auf denen Sie sich an den Anlegestellen auch Fahrräder ausleihen können. Auf der Île d'Arz, die den Beinamen »Insel der Kapitäne« trägt, ist eine bekannte Segelschule ansässig. Denn aufgrund der wechselnden Strömungen und Winde ist der Golf ein spannendes Segelgebiet. Fähren verkehren von Port-Blanc alle 30 Minuten zur Île-aux-Moines wie auch zur Île d'Arz. Die Überfahrt selbst dauert ungefähr 15 bis 20 Minuten.

Bootstouren inkl. Picknick werden z. B. angeboten von Izenah Croisières | Tel. 02 97 26 31 45 | www.izenah-croisieres. com | Ticket 21 €, Kinder 10 €

ÜBERNACHTEN

Balthazar Hotel & Spa ⚓ H 4

Luxus in der Stadt – Das 2014 eröffnete Balthazar Hotel & Spa, untergebracht in einem alten Stadtpalast, verfügt über 53 elegant-moderne Gästezimmer in den Kategorien classic bis de luxe sowie drei Suiten mit großzügigen privaten Terrassen und einem Panoramablick über die Dächer von Rennes. Der 300 qm große Spa-Bereich bietet einen Swimmingpool mit Dampfbad, Whirlpool, Sauna und Eisfontäne. Paare können sich bei einer Schönheitsbehand-

lung oder Massage auch zusammen verwöhnen lassen. Im hoteleigenen Restaurant **La table de Balthazar** wird sonntags ein Brunch mit traditionellen Spezialitäten vom Markt aufgeboten. Hier genießt man modernen Luxus in der bretonischen Hauptstadt.

Rennes | 19, rue du Maréchal Joffre | Tel. 02 99 32 32 32 | www.hotel-balthazar. com | 53 Zimmer und 3 Suiten | ♿ | €€€

Kyriad Prestige ⚑ G 2

Günstig und einfach – Das neue, eher nüchtern gehaltene Hotel liegt etwas außerhalb, verfügt aber über eine gute Busanbindung in die Ville Close von Saint-Malo. Es ist ca. 10 km von Dinard entfernt. Für sportbewusste Gäste bietet es einen Swimmingpool sowie ein Fitnesscenter. Die 71 Zimmer sind sauber und funktional eingerichtet.

Saint-Malo | 4, rue de la Guymauviere | Tel. 02 99 20 30 30 | www.kyriad.com | 71 Zimmer | ♿ | €€

Le Qualys Hotel & Spa 👫 ⚑ F 5

Wellnessbereich – Das im Jahr 2013 eröffnete Hotel verfügt über 84 Zimmer, sie sind modern und schlicht gestaltet. Spa-Freunde können sich im Wellnessbereich mit weitläufigem Hamam und beheiztem Indoorpool entspannen. Im Fitnessraum lassen sich die Muskeln gut trainieren. Das Hotel bietet eine gemütliche Bar sowie ein Frühstücksbüfett. Gleich in der Nähe liegen eine Crêperie, eine Pizzeria sowie eine Brasserie, die den Hotelgästen 10 % Ermäßigung offerieren. Das Qualys ist ungefähr 3 km vom historischen Zentrum in Vannes entfernt.

Vannes | 12, rue Henri Navier | Tel. 02 97 69 57 90 | www.qualyshotel-vannes.com | 84 Zimmer | ♿ | €€€

La Villa Pen Prad 👫 ⚑ E 6

Romantischer Garten – Das kleine, 2014 komplett renovierte »chambres d'hôtes« auf der »Schönen Insel« besticht mit seinem romantischen Garten samt Terrasse und der Lage direkt über der hübschen Bucht von Sauzon. Die Gäste haben aus den geschmackvoll eingerichteten Zimmern einen außer-

gewöhnlichen Panoramablick über den Hafen des Ortes. Die Besitzer Nicolas und Perrine Gaillard bieten ein nettes Frühstück mit ausgezeichneten Mar-

meladen. Guter, freundlicher Service. In Laufentfernung liegen Crêperien, Lokale und Geschäfte. Wer ein familiäres Haus sucht, ist hier richtig!

Belle-Île-en-Mer | Sauzon | Rue du Chemin Neuf | Tel. 06 49 41 71 43 | www.villapenprad.com | 3 Zimmer und 2 Suiten | ♿ | €€€

ESSEN UND TRINKEN

Auberge La Pomme d'Api 👫 ⚑ D 2

Sterngekrönt – Jérémie Le Calvez und Jessica Chelala haben sich im Léon niedergelassen, dem Schlaraffenland der Bretagne. Im Pomme d'Api bieten sie eine leidenschaftliche Küche. Wer im eleganten Restaurant des historischen Hauses aus dem 16. Jh. Platz nimmt, genießt bretonische Küche von morgen. Jérémie Le Calvez, der sich zunächst der hohen Konditorenkunst verschrieben hatte, wurde Koch, indem er sich in einigen bedeutenden Restaurants der Bretagne ausbilden ließ. Seit 2014 hat Jérémie seinen ersten Michelin-Stern. Hummer wird bei ihm begleitet von feinem Gemüse. Die Gerichte sind farbenfroh, Produkte wie »foie gras« oder Langusten werden gekonnt in Szene gesetzt und gekrönt von Jessicas freundlichem Service.

Saint-Pol-de-Léon | 49, rue Verderel | Tel. 02 98 69 04 36 | www.aubergela pommedapi.com | €€

Cargo Culte – Café Brocante 🏃
G 2

In Saint-Malo hat dieses sogenannte »Flohmarkt-Café« Mitte 2014 eröffnet. Die komplette Einrichtung wie die alten Spiegel, Bilder, Platten, Bücher und Sofas können Gäste kaufen – sogar den Holztisch, an dem das Sandwich oder die »tartes« gegessen werden. Auch die Musik, Jazz und Chansons, ist gekonnt gewählt. Mittwochs und sonntags gibt es einen leckeren Brunch, wahlweise auch mit Austern und Champagner.

🕐 Zum Brunchen am Sonntag hingehen, dann herrscht eine sehr angenehme, gemütliche Atmosphäre.

Saint-Malo | 1, rue Broussais | Tel. 02 99 88 08 68 | Di–Do 10–18, Fr–Sa 10–22.30, So 10–16 Uhr | €

EINKAUFEN

Le Dréan
F 5

Im Herzen der Ville Close von Vannes hat gerade eine zweite Filiale der alteingessenen Biscuiterie eröffnet. Sie bietet eine große Auswahl an Keksen, Kuchen, Honigen und Marmeladen aus der Region an. Die hausgemachten Produkte werden hergestellt mit Butter aus Quimper, Salz aus der Guérande, bretonischem Mehl, Eiern aus dem Golfe du Morbihan – und Zucker von der Insel Réunion im Indischen Ozean.

Vannes | 8, rue Saint-Vincent | Tel. 02 97 68 97 15 | www.ledrean.com | Di–Sa 10–12, 14–19 Uhr

🚩 Weitere Neuentdeckungen sind durch dieses Symbol gekennzeichnet.

Jérémie Le Calvez, Chef der Auberge La Pomme d'Api (▶ S. 18) in Saint-Pol-de-Léon, führt sein Restaurant mit viel Engagement. Inzwischen hat er sich sogar einen Michelin-Stern erkocht.

DIE BRETAGNE
ERLEBEN

Die Hafenmole der einst uneinnehmbaren
Festung Saint-Malo (▶ MERIAN TopTen, S. 79).

ÜBERNACHTEN

*In der Bretagne gibt es rund 900 Hotels aller Kategorien.
Der größte Teil der mehr als 52 000 Hotelbetten befindet sich an der
Nord- und Südküste. Ergänzt wird das Angebot durch über 8000 Fe-
rienwohnungen, gut 2500 Gästezimmer und 705 Campingplätze.*

Große Hotels sind in der Region, bis auf ein paar Ausnahmen, eher nicht zu finden. Die meisten Unterkünfte sind traditionelle **Familienbetriebe** der Mittelklasse mit einer kleinen Bettenkapazität. In der Hauptsaison sollte unbedingt rechtzeitig im Voraus gebucht werden. Die französische Hotellerie ist komplett auf das Doppelzimmer ausgerichtet, Einzelreisende zahlen für ihr Zimmer meist den selben Preis wie ein Paar. Die Hotels haben überwiegend ein Restaurant, weshalb im Sommer fast überall nur Zimmer inklusive **Halbpension** vermietet werden. Das französische »grand lit« (ein großes Bett) ist für zwei Personen gedacht und gehört zur Grundausstattung, ist aber vielleicht nicht jedermanns Sache.
Die Hotels in Frankreich werden von dem Commissariat Général du Tourisme nach Sternen in unterschiedliche Kategorien eingeteilt. Bereits Häuser mit zwei oder drei Sternen verfügen meist über einen guten Stan-

◄ Der ideale Ort für eine Auszeit: das Cottage
Les Rimains (► S. 24) mit Blick auf Cancale.

dard, Luxushotels sind mit vier und fünf Sternen ausgezeichnet. Die Preise belaufen sich für ein Doppelzimmer auf 40 € bis ca. 250 € – je nach Kategorie und Saison. Mehr und mehr Schlossherbergen und Herrensitze sind in den letzten Jahren in charmante, komfortable Unterkünfte umgebaut worden. Sie liegen meist etwas abseits, manche besitzen sogar einen Golfplatz auf der Parkanlage. Preiswerter, aber ebenfalls auf dem Land angesiedelt sind »**gîtes ruraux**«, also Unterkünfte auf Bauernhöfen – entweder in einer möblierten Wohnung oder dem eigenen Bauernhäuschen (www.bretagne-reisen.de/unterkuenfte-in-der-bretagne).

APPARTEMENTS UND PRIVATZIMMER

Rund 65 % der Urlaubsgäste, die die Bretagne besuchen, mieten sich in einer **Ferienwohnung** für die schönsten Wochen des Jahres ein. Auch hier gilt: Im Juli oder August sollten Sie unbedingt bereits ein paar Monate im Voraus buchen. Unter der Bezeichnung »studios«, »meublées« bzw. »résidences« werden Appartements und Ferienhäuser für zwei bis neun Personen ab einer Woche aufwärts angeboten. Wohn-, Schlafzimmer, Bad und Küche oder Kochnische gehören zur Grundausstattung, beliebte Extras sind zudem Kamin, Pool oder Terrasse. Die Preise variieren stark nach Lage, Komfort und Jahreszeit. In der Hauptsaison ist meist mit dem doppelten Betrag zu rechnen. Die Rosa-Granit-Küste gehört zu den teureren Regionen, im Landesinneren wird's günstiger. Agenturen für Ferienhäuser vermitteln Adressen über das Internet, aber auch die Tourismusämter der jeweiligen Orte schicken gern eine Liste der Mietobjekte zu.

FAMILIENANBINDUNG

Das Angebot der **Gästezimmer** – »chambres d'hôtes« – ist gestiegen. Sie gelten oft als Tipp für gepflegte Gastlichkeit, liegen meist in kleineren Ortschaften im Landesinneren und sind Unterkünfte in Privathäusern. Darunter fallen beispielsweise auch ehemalige Gutshöfe. In den meisten Fällen ist das Frühstück inklusive, ab und zu wird auch abends für die Urlauber gekocht – eine »table d'hôte«-Einladung. Die Preise sind in etwa mit denen eines Zwei-Sterne-Hotels vergleichbar, es kann allerdings vorkommen, dass mindestens zwei Übernachtungen verlangt werden. Adresslisten gibt es ebenfalls bei den Tourismusbüros der jeweiligen Orte (www.gites-de-france-bretagne.com).

BESONDERE EMPFEHLUNGEN

Castel Beau Site 👥 ⚓ E 1

Atemberaubende Aussicht – Dieses burgähnliche, 1930 erbaute Hotel an einer der schönsten Buchten in Perros-Guirec überzeugt durch seine romantische Lage und sehr guten Service. Das prämierte Restaurant **Table de mon père** bietet Fischspezialitäten und raffinierte, schokoladenbetonte Desserts. Chefkoch Nicolas Le Luyer verrät Gästen gern bei einem Kochkurs einige seiner Rezepte. Beim Sonnenuntergang auf der Terrasse der Youbee's Bar lässt sich der Champagner-Cocktail im Jacuzzi besonders romantisch genießen. Die modern eingerichteten Zimmer weisen alle auf die traumhafte Bucht. Den Gästen steht darüber hinaus ein Spa-Bereich zur Verfügung.

Perros-Guirec | Plage Saint-Guirec in Ploumanac'h | Tel. 02 96 91 40 87 | www.castelbeausite.com | 33 Zimmer | ♿ | €€€

Château des Tesnières ⚓ J 4

Königlich übernachten – Man kann es einfach nur als Märchenschloss bezeichnen: Von einem beeindruckenden Schlosspark umgeben, ist diese einstige Residenz einer Adelsfamilie zu einem sehr exklusiven Gästehaus umgewandelt worden. Das in den 1960er-Jahren im neugotischen Stil erbaute Gebäude strahlt mit einem eleganten Salon à la Louis XVI. Antike Möbel, Marmor, Himmelbetten und goldverzierte Kronleuchter im ganzen Haus sorgen für eine königliche Stimmung bei den Gästen. Der 18-Loch-Golfplatz von Vitré führt rund um das Schloss. Die Holländer John und Siebren Demandt Boon kümmern sich liebevoll um ihre Gäste.

Torcé | Tesnières | Tel. 02 99 49 65 02 | www.chateau-des-tesnieres.com | 5 Zimmer | €€€

Cottage Les Rimains 👥 ⚓ H 2

Landhaus am Meer – Über dem kleinen Austerndorf Cancale gelegen, eröffnet sich den Gästen von dem Anwesen ein Blick über die Austernparks und die hübsche Bucht des Ortes. Das Landhaus verfügt über vier elegante und komfortable Zimmer – fast alle mit traumhafter Aussicht. Christine serviert das Frühstück auf der Terrasse direkt am herrlichen Garten des Hauses. Ein ruhiges Cottage zum Abschalten, einfach wunderschön.

Cancale | 62, rue des Rimains | Tel. 02 99 89 64 76 | www.maisons-de-bricourt.com | 4 Zimmer | €€€€

Le Grand Hôtel des Thermes

▶ S. 81, nordwestl. c 1

Luxus am Meer – Der elegante Gründerzeitpalast in bester Strandlage im Stadtteil Paramé verfügt über geräumige Salons, drei Restaurants sowie eine schicke Jahrhundertwende-Teebar. Sportliche und Erholung suchende Gäste erwarten ein Diätrestaurant, die moderne Schwimmhalle mit Seewasserpool, eine Spa-Abteilung und das thalassotherapeutische Zentrum (spezielle Thalassopakete buchbar).

Saint-Malo | 100, boulevard Hébert | Tel. 02 99 40 75 00 | www.thalassothera pie.com | 174 Zimmer und Appartements | ♿ | €€€

Le Roi Arthur 👥 ⚓ G 4

Erstklassiger Service – Das schicke, kleine Hotel findet sich direkt an dem malerischen Lac au Duc, in der Nähe

Wer im Château des Tesnières (▶ S. 24) unweit der mittelalterlichen Stadt Vitré logiert, darf sich wie im Märchen fühlen. Die einstige Adelsresidenz ist heute ein luxuriöses B & B.

des Zauberwaldes von Brocéliande. Die großzügigen, eleganten Zimmer sind alle auf den 9-Loch-Golfplatz direkt nebenan ausgerichtet. Das Haus bietet neben einem gemütlichen Pool mit Jacuzzi eine Spa-Abteilung mit verschiedenen Massagen und Gesichtsbehandlungen. Und für die Kulinariker gibt es täglich frischen Fisch und Meeresfrüchte sowie »foie gras« und Wildgerichte im edlen Restaurant **Les Chevaliers** – ebenfalls mit Blick auf den See. Das Restaurant organisiert auch Geburtstage, Hochzeiten, Familienessen in privaten Räumen etc., ebenso

besondere mittelalterliche Feierlichkeiten in der Lounge »The Val-sans-Retour«. Das Personal ist äußerst zuvorkommend und geht auch gerne auf individuelle Wünsche ein. Gäste fühlen sich hier schnell wie zu Hause.

Ploërmel | Le Lac au Duc | Tel. 02 97 73 64 64 | www.hotelroiarthur.com | 46 Zimmer | ♿ | €€€

Weitere empfehlenswerte Adressen finden Sie im Kapitel DIE BRETAGNE ERKUNDEN.

Preise für ein Doppelzimmer mit Frühstück:

| €€€€ ab 200 € | €€€ ab 100 € |
| €€ ab 50 € | € bis 50 € |

ESSEN UND TRINKEN

Gourmetfreunde dürfen sich freuen: »Essen wie Gott in Frankreich« wird in der Bretagne in die Tat umgesetzt. Sie zählt mit rund 44 Sterne-Restaurants zu einer der führenden Gastronomieregionen Frankreichs.

Austern, Mies- oder Jakobsmuscheln, Artischocken, Rind und Hummer, alles kommt frisch auf den Tisch in der bretonischen Cuisine. Das Angebot an delikaten Meeresfrüchten ist üppig, aber auch Wild mit Möhren und Dörrpflaumen sind eine Köstlichkeit. Doch allen voran stehen die »**galettes**«, eine gesalzene, eher dickere Crêpes-Variante aus Buchweizenmehl. Sie hat ihren Ursprung in der Bretagne. Gefüllt wird sie meist herzhaft mit Schinken, Käse, Ei oder Tomaten. Viele Crêperien bieten ein Menü an, das von der Vorspeise über eine deftige »galette« bis zu süßen Dessert-Crêpes (»sucrées«) – mit Schokolade, Banane oder Konfitüre – reicht. Zu den köstlichen Teigwaren trinken Bretonen gerne einen »Cidre«, einen leicht-spritzigen Apfelwein, den es in süßer oder herber Variante gibt. Das Volksgericht »Kig ha Fars«, ein deftiger Eintopf aus Rindfleisch, Schweinshaxe und Gemüse, und die Kaldaunenwurst »andouille« stehen

◀ Die Austern von Cancale (▶ S. 83) genießen
bei Feinschmeckern ein hohes Ansehen.

eher für die bäuerliche Küche aus der Region Finistère. So ist auch nicht die raffinierte Zubereitung der Pariser Chefköche für die bretonische Küche das Maß, sondern eher die Qualität der verwendeten Zutaten. Und diese ist auf den unzähligen Wochenmärkten an der Küste und im Landesinneren in hohem Maße gegeben.

AUSTERN UND MUSCHELN

Krustentiere und Fisch sind führend in der bretonischen Küche. In dem kleinen Fischerdorf Cancale an der Nordküste liegt die Hochburg der **Austernzucht**. In der seichten Bucht werden die flachen »huîtres plates« mit dem unvergleichlichen Haselnussgeschmack geerntet. Sie können direkt auf dem Fischmarkt neben den eher ovalen »creuses« verkostet werden. Mit Vinaigrette, Weißbrot und gesalzener Butter ein kulinarisches Erlebnis. Pfahlmuscheln werden vor der Küste von Vivier-sur-Mer gezüchtet und zwischen Juli und Februar verzehrt.

Eine weitere bretonische Spezialität ist die »crotriade«, eine Art Bouillabaisse. Mit gerösteten Brotstücken, Käse und der scharfen Sauce »rouille« wird die »soupe de poisson«, ebenfalls eine Fischsuppe, serviert. In den Gaststätten rund um den Klosterberg Mont-Saint-Michel reicht man als »prés salés« gern würzige Lammkoteletts.

SÜSSE KÖSTLICHKEITEN

Kalorienreich und süß sind die **Backwaren** aus der Region, aber dafür umso leckerer. Ein »gâteau breton« ähnelt ein wenig unserem Sandkuchen, ist jedoch oft mit Apfel- oder Pflaumenmus gefüllt. Und »kouign amann« lässt keinen Mehlspeisen-Freund gleichgültig: Der auf Brotteig, Butter und Zucker basierende Kuchen – eine Art mehrschichtiger Crêpe – enthält einfache Zutaten, erfordert jedoch großes handwerkliches Geschick. Den besten »kouign amann«, knusprig und zart zugleich, gibt es in seiner Heimat im Südwesten der Bretagne in Douarnenez und Locronan. Unbedingt probieren! Der »far breton« ist dagegen ein Eierkuchen, der mit Rosinen und Dörrpflaumen verfeinert wird.

Die Restaurants und Crêperien in der Bretagne sind meist kleine Familienbetriebe, weshalb in der Hochsaison eine **Tischreservierung** zu empfehlen ist. Das »déjeuner« wird zwischen 12 und 14.30 Uhr, das »dîner« in der Regel zwischen 18 und 21 Uhr serviert.

BESONDERE EMPFEHLUNGEN

L'Absinthe 🚶   🏷 G 2

Große Weinauswahl – Mitten in der Ville Close von Saint-Malo verwöhnt das L'Absinthe in einem historischen Gebäude aus dem 17. Jh. Gourmetfreunde mit kreativen Fischgerichten. Die Bedienung ist ausnehmend freundlich, und der Blick in die offene Küche regt die Gaumen an. Besonders lecker: die Fischsuppe »cotriade maison«, das Tartar aus bretonischen Jakobsmuscheln und Lachs mit Zitronennote.

Saint-Malo | 1, rue de L'Orme | Tel. 02 99 40 26 15 | www.restaurant-absinthe-cafe.fr | tgl. 12–13.30, 19– 21.30 Uhr | €€

L'Ambroisie 🏷 C 4

Kreative Rezepte – Korsaren-Curry, Geflügel-Croustillants und Köstlichkeiten mit frischen Meerestieren kommen in der Gourmetküche von Chefkoch Gilbert Guyon auf den Tisch. Der Service ist freundlich.

Quimper | 49, rue Elie Freron | Tel. 02 98 95 00 02 | www.ambroisie-quimper.com | So Abend und Mo geschl. | €€

Le Bains-Douches 🚶   🏷 D 2

In ungewöhnlicher Umgebung – Einmalig: Das historische Stadtbad aus dem Jahr 1906 wurde zu einem Restaurant umgebaut. Wandkacheln, das Glasdach, der Boden – alles ist original erhalten. Die traditionelle Bistroküche verbirgt kulinarische Schätze wie das »fricassée de lapin au cidre«.

Morlaix | 45, allée du Poan-Ben le Jarlot | Tel. 02 98 63 83 83 | www.restaurant-morlaix-lebainsdouches.fr | Di–Fr 12–14, 19.30–22, Sa 19.30–22, Mo 12–14 Uhr, So geschl. | €

Le Baron Rouge 🏷 H 4

Bretonische Spezialitäten – Traditionelle, aber raffinierte Gerichte der bretonischen Küche finden Gäste in dem eher klassisch-modern eingerichteten Restaurant mit einem sehr guten Preis-Leistungs-Verhältnis. Ganz besonders zu empfehlen sind das Lachstartar oder die Austern (»creuses«) aus Cancale.

Rennes | 15, rue du Chapitre | Tel. 02 99 79 08 09 | www.lebaronrouge.fr | Di–Sa 12–14, 19.30–22.30 Uhr, im Sommer tgl. geöffnet | €

Crêperie Pourlette 🚶   🏷 E 5

Gemütlichkeit – Kleine Crêperien, in denen die traditionellen Teigwaren zubereitet werden, gibt es in der Bretagne an jeder Ecke. Doch diese ist mit ihren Segeln und Surfbrettern an der Decke ganz besonders gemütlich, die wohlschmeckenden »galettes« werden vor den Augen der Gäste zubereitet. Der Cidre kommt aus Lizio und Saint-Martin-sur-Oust. Empfehlenswert: »galettes« mit Emmentaler, Ei und Tomate. Von Juli bis September hat auch die Terrasse geöffnet.

Quiberon | 1, rue Jean Bart | Tel. 02 97 50 03 31 | tgl., im Winter nur Fr–So 12–14, 18.30–21.30 Uhr | €

Le Saint-Sauveur 🏷 H 4

Feine Küche – Das kleine, feine Spezialitätenrestaurant ist in einem windschiefen Fachwerkhaus in der Nähe der Saint-Pierre-Kirche zu Hause. Seit 2013 verwöhnen Aurélien Brastel und Olivier Boscherel mit feinster Cuisine. Das über Rennes hinaus bekannte Lokal ist behaglich mit weißen Tischdecken, einfachen Holzstühlen und einem alten Bauernkamin eingerichtet.

Die Hummer kommen frisch aus dem Aquarium, und die Menüs der beiden wurden schon mehrere Male prämiert. Sehr schmackhaft sind auch die Thai-Hühnersuppe und das Risotto mit geräucherten Jakobsmuscheln.

Rennes | 6, rue Saint-Saveur | Tel. 02 99 79 32 56 | www.restaurant-lesaintsauveur.fr | Sa–Mo, mittags geschl. | €

La Taupinière 📍 💨 D 4

Für Foie-gras-Liebhaber – Die Gäste sitzen an feinen, weißen Tischdecken, doch gemütlich direkt am großen Bauernkamin. Und nebenan kreiert der sympathische Chefkoch Guy Guilloux in der offenen Küche feine Gänsestopfleber in allen Variationen, ebenso frische »langoustines« (Kaiserhummer) von der Küste – und das bereits seit 40 Jahren. Der Service ist herzlich und individuell, und die Menüs sind ihren Preis wert. Riesige Weinauswahl. Besonders lecker: der gegrillte Hummer und die Crème brûlée von der »foie gras«. Frühzeitig reservieren!

🕐 Vor allem zum Lunch an einem Sonntag ist dieses traditionelle Restaurant eine optimale Adresse.

Pont-Aven | Route de Concarneau–Croissant Saint-André | Tel. 02 98 06 03 12 | www.la-taupinière.fr | Mi–So 12–13.15, 19.30–21 Uhr | €€€

Weitere empfehlenswerte Adressen finden Sie im Kapitel DIE BRETAGNE ERKUNDEN.

Preise für ein dreigängiges Menü:

€€€€	ab 80 €	€€€	ab 50 €
€€	ab 30 €	€	bis 30 €

Moderne Kunst ziert die Räumlichkeiten des Gourmetrestaurants L'Ambroisie (▶ S. 28) in Quimper, wo Meisterkoch Gilbert Guyon seine gefeierten Kreationen auf den Tisch bringt.

Im Fokus
Von Strandfischern und Austern

Allein in der großen Bucht Rade de Brest vor der Halbinsel Crozon gibt es rund 1000 Amateur-Strandfischer. In Cancale an der Nordküste werden jedes Jahr mehr als 5000 t Zuchtaustern professionell geerntet, in der ganzen Bretagne ca. 60 000 t Austern.

In der Ferne läuten die Glocken des alten Benediktinerklosters Landevennec, über der riesigen Bucht Rade de Brest im Westen der Bretagne weht ein leichter Wind, kreischende Möwen kreisen über dem ruhigen Meer. Ein paar kleine Segelboote haben sich sanft zur Seite geneigt und liegen auf dem Trockenen. Das Wasser zieht sich auch hier zweimal am Tag zurück und gibt die Weite des Wattenmeeres frei. So werden Muscheln, Krabben und Krustentiere gut mit Nahrung versorgt und der angesammelte Schlick weggespült. Gegen Mittag schlüpft Joël Le Guirriec in die hohen grünen Gummistiefel, knöpft sich die Jacke zu, schwingt sich den Gummikorb auf die Schulter, greift sich Stichel und Kratzer und macht sich auf zur Grève du Seillou – einem ruhigen Strand an der Rade de Brest, keine fünf Minuten von seinem Gästehaus in den sanften grünen Hügeln von Rosnoën auf der Halbinsel Crozon entfernt.

Über 30 Jahre lang führte der sympathische Bretone einen Bauernhof mit ein paar Dutzend Milchkühen. Dann baute er das alte, steinerne Bauern-

◀ Geliebtes Hobby vieler Bretonen: Strandfischen bei Ebbe in der Gezeitenzone.

haus seines Großvaters um – und gestaltete daraus eine gemütliche »maison d'hôtes« für 25 Gäste. »Die Kühe habe ich jungen Bauern übergeben,
die machen jetzt ganz auf bio«, sagt Joël und lächelt.

Seinen Übernachtungsgästen bietet der ehemalige Landwirt seit über
zwölf Jahren ein ganz besonderes, sehr bretonisches Erlebnis an: Zweimal
im Monat, bei den sogenannten Springtiden, wenn die Gezeiten extremer
ausfallen und sich das Meer besonders weit zurückzieht, nimmt Joël sie
mit zum Fußfischen – »pêche à pied« – an der Grève du Seillou. Gemeinsam gehen sie auf die Suche nach dem, was die Flut zurückgelassen hat:
Messer- und Venusmuscheln, Strandschnecken, Austern, Krustentiere.
Und danach wird der Fang zusammen in der Bauernküche zubereitet und
gekocht. Ein Heidenspaß für Groß und Klein.

BAUERN ENTSPANNEN SICH BEIM STRANDFISCHEN

Heute begibt sich der 62-Jährige allein ins Wattenmeer. »Schon mit mei-
nem Großvater bin ich damals hier als kleiner Bub Muscheln und Austern sammeln gegangen«, erzählt er wehmütig. Für viele bretonische Bauern ist das Strandfischen immer noch eine Form der Entspannung nach
einem anstrengenden Tag auf den Feldern. Auch für Joël. Gleich zu Anfang demonstriert der passionierte Fischer den schlimmsten Fehler, den
unerfahrene »Fußfischer« begehen können: Den umgedrehten Stein oder
Fels im Sand nicht wieder in seine ursprüngliche Position zu bringen –
und so die Nahrungskette zu unterbrechen. »Die verborgenen Mikroor-
ganismen, von denen die nächstgrößeren Meeresbewohner leben, sterben dann ab, das Resultat ist ein großer Nahrungsmangel, und das könnte
sämtliche Meerestiere und Fische in der Bucht gefährden.«

Ebenso achtet er peinlichst genau darauf, dass die Muscheln und Austern
eine gewisse Größe erreicht haben. So dürfen beispielsweise im Département Finistère (zu dem Rosnoën gehört) pro Tag nur 6 kg Austern, die
»mindestens 5 cm lang sind«, gesammelt werden. Diese Anordnung gilt
also für jeden Strandfischer und natürlich auch, wenn sich Urlaubsgäste
allein zum Sammeln aufmachen: nur in Maßen am Strand bedienen –
und auf keinen Fall eine Baustelle hinterlassen!

Los geht es mit der Suche nach den länglichen Messermuscheln. Joël verrät einen guten Trick, wie sie recht schnell von selbst an die Oberfläche
kommen: »Ich suche nach eher ovalen Löchern im Sand, schütte dann

Salz in die besagten Löcher, bin ganz still und gedulde mich, bis die Muschel hochkommt. Wenn sie das Loch verlässt, ergreife ich sie und warte, bis sich der Muskel zusammenzieht, dann lässt sie sich gut fassen.«

AUSTERN BRAUCHEN SÜSS- UND SALZWASSER

Andere Muscheln und auch die Strandschnecken sind relativ einfach unter Steinen oder im Watt zu finden. Doch wenn es zu den Austern kommt, bedarf es etwas handwerklichem Geschick: Mit einem kleinen Hammer schlägt Joël die »huîtres creuses«, die Hohlaustern, zwischen Haufen von Seetang von den Felsen am Strand ab. »Die Austern brauchen neben dem starken Gezeitenunterschied auch Süß- und Salzwasser zum Wachsen«, erläutert Joël. In der Rade-de-Brest-Bucht fließen gleich mehrere Flüsse, darunter auch der größte Strom der Bretagne, die Aulne, zusammen. Deshalb finden die Strandfischer hier so viele der edlen Krustentiere vor. Durch ihre harte Schale sind sie relativ gut geschützt gegen Bakterien, im Gegensatz zu Garnelen, Krebsen und Muscheln. »Die Küstenwache kontrolliert regelmäßig das Wasser in der Bucht«, weiß der Strandfischer.

Langsam füllt sich der Korb von Joël mit Austern, Venus- und Messermuscheln. Bevor es nach Hause in die Küche geht, reinigt er den Fang noch mit Salzwasser – für den »besseren Geschmack«. Die leckeren Krustentiere isst der Fischer, der auch am Herd ein Meister ist, später nur mit einer Vinaigrette-Sauce, verfeinert mit klein gehackten Schalotten, etwas Zitrone und natürlich Baguette und salziger Butter.

Zuletzt noch ein paar Tipps von Joël: In den Monaten Mai bis August sollte man lieber keine Austern essen, in dieser Zeit reproduzieren sie sich. Und die beste Zeit zum Strandfischen ist der noch eher kühlere März: »Nach den Stürmen und vor allem Ostwinden ist immer viel Bewegung im Wasser, was wiederum gut für die Entwicklung der Krustentiere ist.«

AUSTERNZUCHT IN CANCALE

In der Bucht des Küstenstädtchens Cancale an der Nordküste ernten die rund 80 professionellen Fischer jedes Jahr etwa 5000 t Zuchtaustern. In den »parcs à huîtres« wächst die »huître creuse«, auf Drahtzäune gesetzt, drei Jahre lang bis zu ihrer gewünschten Größe heran. Danach stellt man sie für weitere zwölf Monate in weniger salzhaltiges, planktonreiches Wasser, wo sie ihren typischen Geschmack erhalten. Die »huître plate«, die flache Variante, wird auf dem Meeresgrund ausgesät und mit dem Schleppnetz abgefischt. Das spezielle Plankton des Wassers vor Cancale verleiht den Krustentieren ihr so geschätztes lokalspezifisches Aroma.

Im Jahr 1960 begann das Zeitalter der industriellen Austernzucht: Aufgrund etlicher kalter Winter und der zunehmenden Verschmutzung des Meeres drohte die Flachauster wiederholt zu verschwinden. Die Aufhebung des Zuchtverbots für die weniger anfälligen Hohlaustern im Norden der Vilaine-Mündung war die Lösung. Portugiesische und japanische Austernsamen wurden importiert, neue große Austernparks angelegt – die Industrie florierte wieder. Heutzutage züchtet man die Austern wie Gemüse, und die Bretonen in ihren grünen Gummistiefeln, die zwischen den Zaunreihen des flach planierten Meeresgrunds mit ihren Traktoren umherfahren, ähneln mittlerweile eher Bauern als Fischern. Die insgesamt über 1000 ha große Anbaufläche ist in etliche Segmente unterschiedlicher Größe aufgeteilt. Die Besitzer dürfen ihre Austern in Cancale direkt im Hafen verkaufen. So gibt es täglich am Ende des Strandboulevards einen kleinen Markt mit Händlern, die auch gerne Rezepte oder Tipps zum Öffnen der Meerestiere weitergeben.

WICHTIGE INFORMATIONEN

Falls man allein zum Strandfischen geht, bitte Folgendes beachten: vorher darüber informieren, welche Meerestiere essbar sind, welche Muscheln welche Mindestgröße haben müssen und welche Mengen pro Person maximal erlaubt sind. Auskunft dazu geben die Offices de Tourisme (z. B. in Pénestin und Carantec). Außerdem ist das Strandfischen an manchen Stränden zu bestimmten Zeiten aus Naturschutzgründen nicht gestattet, die Strafen bei Missachtung der Regeln sind relativ hoch. Informationen finden Interessierte auch unter www.pecheapied-responsable.fr

INFORMATIONEN

La Ferme Marine de Cancale ⚓ H2
Besucher können von Mitte Februar bis Juni und Mitte September bis Oktober an Führungen durch die Austernfarm an der Küste Cancales teilnehmen.
Cancale | Route de la Corniche | Tel. 02 99 89 69 99 | www.ferme-marine.com

Maison d'hôtes Kervézennec 👫
⚓ C3
Joël und seine Frau Martine Le Guirriec bieten ein Strandfischer-Paket für ihre Gîte-Gäste an: zwei Nächte inklusive Vollpension, drei Stunden Strandfischen mit gemeinsamem Kochen ab 118 €/Person, Kinder bis 12 Jahre 75 €.
Le Faou-Rosnoën | Kervezennec (an der D791 in Richtung Crozon nach ca. 4,5 km auf der linken Seite) | Tel. 02 98 81 93 84 | www.gite-etape-bretagne.fr | ganzjährig geöffnet | 6 Zimmer

Office de Tourisme Fouesnant ⚓ C4
Strandfisch-Touren werden auch vom Fremdenverkehrsamt angeboten.
Espace Kerneveleck | Tel. 02 98 51 18 88 | www.tourisme-fouesnant.fr

Grüner reisen
Urlaub nachhaltig genießen

Wer zu Hause umweltbewusst lebt, möchte vielleicht auch im Urlaub Menschen unterstützen, denen ein verantwortungsvoller Umgang mit der Natur am Herzen liegt. Empfehlenswerte Projekte, mit denen Sie sich und der Umwelt einen Gefallen tun können, finden Sie hier.

Die Bretagne ist eine der beliebtesten Reisedestinationen Frankreichs, und doch schaffen es die Bewohner der Region, noch immer viel von ihrer Ursprünglichkeit zu bewahren. Sie sind stolz auf ihr Land und ihre jahrhundertealte Kultur. Der Tourismusverband der Bretagne ist der erste des Landes, der die Auszeichnung »Green Globe« – eine Zertifizierung für nachhaltige Tourismusbetriebe – bekommen hat. Kontinuierlich werden neue Angebote für einen nachhaltigen Tourismus entwickelt und vermarktet. In den letzten Jahren wurden zudem verstärkt die Dünenlandschaften geschützt, die alten Küstenpfade der Zöllner wurden in neue attraktive Wanderwege umgestaltet, und die Kanäle mit ihren Treidelpfaden erfuhren wieder mehr Aufmerksamkeit.

Auch in der bretonischen Gastronomie legen die Köche die Betonung wieder auf die traditionellen Rezepte der Region und verwenden vielfach heimische Produkte in ihrer Cuisine. Die frisch gefangenen Krustentiere kommen täglich auf die Speisekarten. So sind für Gourmets in der Bretagne auch Marktbesuche obligatorisch: An fast allen Ständen können Besucher Produkte »à la maison«, also hausgemacht, probieren. Und unter dem umfangreichen Angebot finden sich immer mehr ökologisch angebaute Waren, viele junge Bauern betreiben in den ländlichen Regionen mittlerweile Biobauernhöfe – ganz im Gegensatz zur vorangegangenen Generation. Nicht selten sind es aber auch ökonomische Überlegungen und die immer bessere Information der Verbraucher, warum die Landwirte vermehrt Biogemüse und Obst ohne Pestizide und Schadstoffe auf den Märkten anbieten. Biobauern und Naturkosthändler werben mit einheitlichen Biosiegeln für einen entsprechenden Anbau.

ÜBERNACHTEN

La Grée des Landes – Éco-Hôtel Spa Yves Rocher 👤🏃 🍃 G 5

»Dieses bioklimatische Hotel ist ein beispielhaftes Projekt hinsichtlich ökologischer Konzepte«, schreibt das Kosmetikunternehmen selbst über sein 2009 eröffnetes Haus in der Gemeinde La Gacilly im Süden der Region. Ziel sei es, das Bewusstsein des Gastes für den Erhalt einer gesunden Umwelt und den nachhaltigen Umgang mit den Ressourcen unserer Erde zu schärfen. Die Bretagne hat bereits viel Erfahrung in der sinnvollen Nutzung der Heilwirkung des Meeres gesammelt – etwa mit der Thalassotherapie in Saint-Malo.

Die begrünten Dächer isolieren die Zimmer des Holzhauses im Sommer wie im Winter auf natürliche Weise, und im Garten wächst auf der 10 ha großen Grünanlage das Gemüse für das Restaurant **Les Jardins Sauvages**, die Köche unter Chef Gilles Le Gallés verwenden natürlich hauptsächlich Bioprodukte. Im Hotel haben die Gäste die Möglichkeit, bei Entspannungskuren, Yogakursen und Massagen mit ätherischen Ölen zu relaxen. Neben dem riesigen Park um das Haus tragen auch der Botanische Garten und das Vegetarium zu einem naturnahen Urlaub bei. Seit 2012 können Hotelgäste sogar in einem Baumhaus aus Holz übernachten. Das Hotel wurde inzwischen mit dem europäischen Öko-Label ausgezeichnet.

La Gacilly | Cournon | Tel. 02 99 08 50 50 | www.lagreedeslandes.com | 29 Zimmer | ♿ | €€€

ESSEN UND TRINKEN

Scarabée Biocoop 👤🏃 🍃 H 4

In Rennes vertreibt eine Kooperative seit 2008 Bioprodukte der Bretagne. Außerdem können die Besucher gleich auch in dem Lokal nebenan zu Mittag essen. Die Auswahl der Speisen ist zwar nicht üppig, dafür werden aber jeden Tag neue frische Menüs inklusive eines vegetarischen Gerichts angeboten. Dabei stammen alle Zutaten aus regionalem biologischen Anbau.

Rennes | 132, rue Eugène Pottier | Tel. 02 99 30 40 89 | www.scarabee-biocoop.fr | Mo–Sa 11.45–14 Uhr | €

EINKAUFEN

Fleur de Sel 🍃 F 6

Als ein ausgesprochen wertvolles Naturprodukt gilt die obere weiße Salzschicht der Salinen von Guérande, die graue Schicht darunter findet wegen ihres hohen Mineraliengehalts ebenfalls Beachtung. Bereits seit Jahrhunderten wird das Salz per Hand mit langen, breiten Rechen von den Salzbauern in den 2 bis 5 cm tiefen Becken geerntet und getrocknet. Eine schwere Handarbeit – so wurde das Salz auch häufig als das »weiße Gold« bezeichnet. Heutzutage verkauft man es in Geschäften in und um Guérande unter der Markenbezeichnung »L'Armoricain«.

Die Salinen – »marais salants« – können Urlauber auch gut mit dem Fahrrad oder zu Fuß entdecken und dabei direkt an den Ständen die beliebten Produkte erwerben. Mit Unterstützung durch Subventionen des Staates leben heute noch rund 250 Familien vom traditionellen Salzhandwerk der Guérande-Halbinsel. So wird ein altes Gewerbe weiter am Leben erhalten – und das Naturreservat sinnvoll genutzt. Führungen durch die Salinen bietet die Maison des Paludiers an.

Guérande | www.maisondespaludiers.fr

AKTIVITÄTEN

Bienvenue à la ferme 👪

Schon seit längerer Zeit setzen etliche bretonische Bauern auf das Thema Nachhaltigkeit und lehnen eine intensive Landwirtschaft ab. Einige von ihnen ermöglichen Gästen, sich die Bauernhöfe mit eigenen Augen anzuschauen. Achten Sie auf die Höfe, die mit dem Symbol der Initiative »Bienvenue à la ferme« (grünes Schild mit gelber Blume) gekennzeichnet sind. Diese Bauern verkaufen selbst hergestellte Produkte wie etwa Gemüse, Früchte und Weine. Teilweise können Besucher sogar mit-

erleben, wie Brot auf traditionelle Weise gebacken oder Käse hergestellt wird. Manche Höfe laden auch zu einer bretonischen Nachmittagspause mit Cidre, Crêpes und Puddingkuchen ein – oder bieten sogar Übernachtungsmöglichkeiten an. Mehr als 300 landwirtschaftliche Betriebe haben sich der Initiative bereits angeschlossen.

www.bienvenue-a-la-ferme.com

Écomusée des Goémoniers et de l'Algue 👪 🍃 B 2

Das Ökomuseum in Plouguerneau an der Westküste präsentiert das Handwerk der Tang- und Algensammler. Dieses Gewerbe ist seit dem frühen 19. Jh. eng mit dieser Region verbunden und heute aktueller denn je. Die geernteten Algen finden in der Industrie vielfache Verwendung bei der Herstellung zahlreicher Konsumgüter. Das Haus veranstaltet darüber hinaus interessante Kochkurse mit dem vielfältigen Meeresgemüse. Im Juli und August gibt es immer dienstags ab 18 Uhr spezielle Führungen und Diashows.

Plouguerneau | 35, route de Kerveogan BP | Tel. 02 98 37 13 35 | www.ecomusee-plouguerneau.fr | Mi–Mo 14–18 Uhr | Eintritt 4 €, erm. 2,50 €

Écomusée des Monts d'Arrée 🍃 D 2

Inmitten des Parc naturel régional d'Armorique, eines rund 125 000 ha großen Naturparks, liegt dieses interessante Ökomuseum. Um eine alte Mühle in den Arrée-Bergen spiegeln die »Kerouat«-Bauernhäuser das tägliche Leben der Müllersleute im 19. Jh. wider. Das Dorf war bis 1965 von mehreren Familien bewohnt und hat seine Authentizität bis zum heutigen Zeitpunkt bewahrt. Das Museum organisiert wechselnde Ausstellungen, Thementage und Festivitäten.

Commana | Moulins de Kerouat | Tel. 02 98 68 87 76 | www.ecomusee-monts-arree.fr | März–Mai, Sept.– Okt. Di–Fr 11–18, So 14–18, Juni Di–Fr 11–18, Sa, So 14–18, Juli–Aug. tgl. 11–19 Uhr | Eintritt 4,50 €, erm. 2,50 €

Parc naturel régional de Brière

F/G 5/6

Die Moorlandschaft im Süden der Region zwischen der Mündung der Flüsse Vilaine und Loire an der Atlantikküste wurde über viele Jahrhunderte von der Natur geformt und später von Menschen genutzt. Wer heutzutage das zweitgrößte Moor Frankreichs mit seinen kleinen reetgedeckten Häuschen bei einer Bootsfahrt, einer »promenade en barque«, durchstreift, ist schnell fasziniert. Gäste können mit flachen Holzkähnen, ganz so wie in früherer Zeit die Bewohner des Moors, fast ge-

räuschlos durch die Landschaft gleiten und seltene Tiere wie Sumpfohreulen und Rohrdommeln sowie ungewöhnliche Pflanzen entdecken. Aber auch zu Fuß lassen sich auf dem botanischen Lehrpfad bei Saint-Malo-de-Guersac außergewöhnliche Vögel beobachten, die sich im Naturpark Brière zu Hause fühlen oder als Zugvögel alljährlich von weit her kommen, um hier zu brüten. 1970 wurde die Moorlandschaft unter Schutz gestellt und für einen sanften Tourismus erschlossen. Der Parc naturel umfasst ein Feuchtgebiet mit Schilfzonen, das zu den artenreichsten in Europa gehört. Im Weiler Kerhinet finden sich rund 20 traditionelle Reethäuser, die die Naturparkverwaltung in vielen Fällen restaurierte. In einem winzigen Dorf auf der Île de Fédrun wurde ein Haus so ausgestattet, wie die Menschen der Brière früher lebten.

Saint-Lyphard | Village de Kerhinet | Maison du Parc | Tel. 02 40 66 85 01 | www.parc-naturel-briere.com

Zunehmend versteht sich das Kosmetikunternehmen Yves Rocher mit dem Éco-Hôtel La Grée des Landes (▶ S. 35) in La Gacilly als Vorkämpfer für einen ökologisch-biologischen Anbau.

EINKAUFEN

Traditionelle Antiquitäten- und Flohmärkte, Fayencerien und Kunstgalerien laden in der Bretagne zum Stöbern ein. Aber auch der spritzige Cidre oder die bretonischen Butterkekse sind ideale Urlaubssouvenirs.

Zu den bekanntesten Mitbringseln aus der Bretagne gehören Webartikel und Schnitzereien aus Locronan, Spitzendeckchen aus dem Bigoudenland und Lederwaren aus Dinan. Die Kunst der **Fayenceherstellung** (Porzellan/Keramik) wird, vor allem in Quimper, seit über drei Jahrhunderten noch immer von Generation zu Generation weitergegeben. Die ersten Einflüsse kamen aus dem Süden Frankreichs, seit dem 19. Jh. exportieren die Bretonen das berühmte Porzellan in viele Länder weltweit. Floh- und Antiquitätenmärkte laden im Sommer regelmäßig zum Schlendern ein (Infos unter www.info-brocantes.com). Aber auch professionelle Händler betreiben kleine Läden in fast jedem größeren Ort der Region – »brocante« lautet hier das Stichwort für Sammler antiker Stücke.

Für **Kulinariker** bietet die Bretagne so einiges: der bekannte »cidre buché à la ferme«, am besten direkt aus der Cornouaille im Südwesten der apfel-

◀ Himmlische Düfte empfangen die Kunden
bei Épices Roellinger (▶ S. 40) in Saint-Malo.

reichen Region, die Butterplätzchen in ihren Metalldosen mit den klassischen Motiven von Paul Gauguin oder lustigen Zeichentrickzeichnungen, die delikate »foie gras« in der Dose – oder der mächtige Butterkuchen. Im Süden der Bretagne reift der hochprozentige Calvados in schweren Eichenfässern; er wird seit den 1950er-Jahren nur noch mit Lizenz und unter Kontrolle des Bureau National du Calvados destilliert.

MALEREI UND KELTISCHE MELODIEN

Oder darf es eine Zeichnung der einsamen, kleinen Buchten an der Rosa-Granit-Küste mit ihren schimmernden Monolithen als Mitbringsel sein? In der Bretagne fühlen sich noch immer viele Maler zu Hause. Die **Galerieszene** konzentriert sich auf die Festungsstadt Saint-Malo und das Malerstädtchen Pont-Aven, wo sich in den 1880er-Jahren einige Maler um Paul Gauguin sammelten. Doch die Bretonen sind auch musikverrückt: Wer einmal bei einem nächtlichen »fest-noz« mitgetanzt hat, wird vielleicht eine CD mit den typischen Klängen des bretonischen Dudelsacks Biniou und der oboeähnlichen Bombarde mit nach Hause nehmen. In größeren Orten wie Rennes, Brest oder auch Saint-Malo finden Sie **Musikläden**, die diese keltischen Melodien in ihrem Repertoire haben.

Unbedingt einmal erleben sollten Gäste die **Wochenmärkte** in den kleinen wie auch größeren Orten: Körbe voller frischer Meeresfrüchte wie Austern oder Spachtelmuscheln, hoch aufgetürmte Artischocken, Berge würzig-duftender Camemberts – und überall laden die Händler zum Probieren ein. Herausragend sind hier die Märkte in Rennes, Pont-L'Abbé oder Quimper. Auf speziellen **Fischmärkten**, wie etwa in Cancale, wird der frische Fang der »pêcheurs« angeboten. Oft geben die Händler gute Tipps zur Zubereitung ihrer Garnelen, Krevetten, anderer Krustentiere und Fische, am besten einfach danach fragen. Und das Handeln auf den Märkten nicht vergessen!

ÖFFNUNGSZEITEN

Die Mittagspause ist den meisten Bretonen heilig. Fast jeder Laden hat zwischen 12 und 14 bzw. 15 Uhr geschlossen sowie am Montagmorgen, nur große Supermärkte haben dann geöffnet. Die Öffnungszeiten sind also in der Regel: Di–Sa 9–12, 14.30–19 Uhr. Die Wochenmärkte finden meist von 8–13 Uhr statt.

BESONDERE EMPFEHLUNGEN

ANTIQUITÄTEN

Dépôt-Vente de la Presqu'île ⚓ E 5

Wer gern in Antiquitäten stöbert, ist hier genau richtig: Alain Jéhannet bietet auf 400 qm in seiner Scheune nahezu alles, von silbernen Kerzenleuchtern und englischen Teekannen über antike Tische und Sessel bis hin zu Spiegeln und Lampen aus der Biedermeierzeit – für jeden Geschmack und Geldbeutel.

Quiberon | 121, rue du Port de Pêche | Tel. 02 97 30 44 60

KOSMETIK

Savonnerie De Bretagne ⚓ C 3

Bei Nathalie Seznec duftet es kräftig – und man fühlt sich direkt in ein luxuriöses Spa versetzt. Die Bretonin verkauft seit 25 Jahren in ihrem kleinen Laden alles, was man so zum Wohlfühlen und Zurechtmachen brauchen kann: Allein rund 22 Parfüms und über 40 Seifensorten hat sie in ihrem Sortiment. Eine ganze Reihe davon – Magnolie, Lavendel, Kokos, Inselblumen – werden im bretonischen Plouhinec per Hand selbst gemacht. Aber auch die berühmten Seifenblöcke aus Marseille, etliche Gesichtscremes und Körperlotionen bekannter französischer Marken bietet Nathalie in ihrer Savonnerie an.

Locronan | Place de l'Église | tgl. 10.30–12.30, 14.30–18.30 Uhr

KULINARISCHES

Épices Roellinger ⚓ G 2

Bei Gourmetkoch Olivier Roellinger können Sie Gewürze aus der ganzen Welt entdecken: Vanillestangen aus Madagaskar, La Réunion, dem Kongo oder Tahiti, Pfeffer aus Sri Lanka oder Kambodscha, Blumenöle, Meeressalze aus Frankreich und Portugal. Olivier Roellinger und seine Frau Jane brachten die Gewürze von ihren Reisen in der ganzen Welt mit, sie besuchten die unterschiedlichsten Gewürzgärten auf den Kontinenten. Jedes Öl, jede Vanilla, jede Mischung hat ihre ganz eigene Geschichte. Hobbyköche erwartet also eine umfangreiche Auswahl in diesem Geschäft. Roellinger führt in Cancale und Paris weitere Filialen.

Saint-Malo | 12, rue Saint-Vincent | Tel. 06 18 80 44 10 | www.epices-roellinger.com | Mitte März–Dez. Di–Sa 10–19, So 10–14 Uhr

La Maison d'Armorine ⚓ E 5

Seit dem Jahr 1946 fertigen die Meister dieser Pâtisserie ihre Butterkaramell-Bonbons und Nuss-Krokant-Pralinen nach Großmutters Rezepten an. Neben den schokoladigen Verführungen hat das alteingesessene Haus auch die typischen Butterkekse, hausgemachte Konfitüren, Buttercremes, Salz aus der Guérande sowie kleine Rezeptbücher zu den süßen Delikatessen im Angebot. Die »caramel du beurre« wird dekorativ verpackt, sei es in Metalldosen mit historischen Strandmotiven oder in Pappkartons, die Strandhäusern ähneln.

Quiberon | 5, boulevard Charnard | www.maison-armorine.com | tgl. 9.30–12.30, 14–18 Uhr

La Maison du Beurre ⚓ G 2

In den 1980er-Jahren übernahm Jean-Yves Bordier den bereits 1927 gegründeten urigen Feinkostladen in der Ville Close von Saint-Malo. Eine große Kunst: Die berühmte bretonische Butter wird von Hand geformt und mit Gitterboxen getippt, um Klumpen zu vermei-

Die Maison du Beurre (▶ S. 40) in Saint-Malo ist für manchen Gourmet zur Pilgerstätte geworden. Jean-Yves Bordier fertigt dort die Butter noch von Hand und beliefert die besten Restaurants.

den – alles vor den Augen der Gäste. Wer lieber Käse mit nach Hause nehmen will, kann bei Bordier zwischen ungefähr 230 Sorten wählen, aber auch Dessertcremes, Gewürze und Weine sind in der Auslage zu finden. Und im hinteren Teil des Ladens informiert ein kleines Museum über die Ursprünge der Butter. Gleich nebenan führt Jean-Yves Bordier noch das kleine feine Bistro **Autour du beurre**, das ebenfalls einen Besuch wert ist.

Saint-Malo | 9, rue de L'Orme | www.lebeurrebordier.com | Di–Sa 9–12.30, 15.30–19.15, So, Mo 9–13 Uhr

KUNST UND KUNSTHANDWERK
Mint   ◢ H 4

Verschiedene Künstler stellen seit 2013 in dem kleinen Laden aus: Sei es nun La Bohème oder Armêl s'en mêle mit außergewöhnlichem Silber-, Gold- und Bronzeschmuck oder farbenfrohe Vintage-Keramik und -Kleidung sowie Handtaschen von Stereo Fields Forever.

Rennes | 12, rue du Champ Jacquet | www.mintrennes.tumblr.com | Di–Sa 11–13.30, 14.30–19 Uhr

Weitere Geschäfte und Märkte finden Sie im Kapitel DIE BRETAGNE ERKUNDEN.

SPORT UND STRÄNDE

*Dem Baden wird in der Bretagne eine große
Bedeutung zugemessen – bei rund 3000 km zerklüfteter
Küste wohl auch kein Wunder. Dabei verändern Ebbe und
Flut das Bild der bretonischen Küsten ständig.*

Im Norden dominieren Sandstrände in kleinen Buchten, gegen Westen
hin Sand- und Kiesstrände und im beliebten Süden lange, breite Sandstrände – ein Eldorado des Wassersports. Ganz vorne steht das **Segeln** an
der ca. 3000 km langen Küste: Jachten in allen Größen und Preisklassen
tummeln sich in den Häfen, über 130 Schulen lehren die große Kunst am
Segel, beliebte Gebiete sind die Rade de Brest, die Bucht von Douarnenez
und der Golf von Morbihan. Aber auch viele **Surfer** rasen über die Wellen,
und Taucher erkunden die vielfältige Unterwasserwelt, während Angler
– Angelschein vorausgesetzt – vor allem auf den Flüssen und Kanälen
Lachse, Forellen und Hechte aus dem Wasser ziehen.

Fast ebenso umfangreich sind die Sportmöglichkeiten an Land: ob lange
Küstenwanderungen auf den ehemaligen Zöllnerpfaden, Golf, Ballspiele
am Strand oder im »char à voile« beim Strandsegeln über den Sand flitzen.

◄ Wassersport rangiert hier ganz weit vorn:
Surfer (▶ S. 46) am Strand von Lostmarc'h.

Wenn sich das Meer zurückgezogen hat, ist auch die »pêche à pied«, das Strandfischen mit Schaufel, Harken und Eimer, eine beliebte Freizeitaktivität – mittlerweile nicht mehr nur für die Bretonen. Ebenso finden Freeclimber und Gleitschirmflieger geeignetes Terrain vor. Im hügeligen Hinterland können Gäste interessante **Fahrradtouren** unternehmen oder einige Tage mit Pferd und Wagen übers Land ziehen. Verleiher von Sportartikeln finden sich in jedem größeren Urlaubsort. Segel- oder Reitkurse gehören ebenso zum Angebot wie mehrtägige Kite- oder Tauchkurse.

GLEITSCHIRMFLIEGEN

École de Ouestparapente ⚑ F 2

Die Gleitschirmflugschule ist je nach Windlage in verschiedenen Gebieten aktiv, z. B. über dem Strand Bonaparte, an der Pointe Bilfot oder in Plouëzec. Plerin | 22, rue du Lieutenant Mounier | Tel. 06 07 81 88 12 | www.ouestparapente. com | 10–15 Min. Flug ab 60 €

GOLF

Golf spielen ist sehr beliebt, viele der 30 Plätze liegen nahe am Meer oder in ehemaligen Schlossparks.

L'Odet Golf Club ⚑ C 4

Nahe der Küste von Bénodet erstreckt sich dieser 130 ha große 18-Loch-Platz in den bretonischen Hügeln mit weiten Fairways und friedlichen Teichen. Bénodet | Clohars Fouesnant | Tel. 02 98 54 87 88 | www.odet.bluegreen. com | Greenfees ab 19,50 €

Rhuys-Kerver Golf Club ⚑ F 5

Im Herzen des Golfs von Morbihan fasziniert dieser exzellent gepflegte 18-Loch-Platz mit vielen Wasserhindernissen und einer reichen Vogelwelt.

Saint-Gildas-de-Rhuys | Tel. 02 97 45 30 09 | www.rhuys-kerver.bluegreen. com | Greenfees ab 38 €

Saint-Malo Golf Club ⚑ H 2

Der bekannte Golfplatzarchitekt Hubert Chesneau gründete diesen 100 ha großen 27-Loch-Platz im Jahr 1986. Die anspruchsvolle Anlage fasziniert durch lange Wasserflächen, Granitfelsen und viele Baumflächen. Das Restaurant unter Chef Patrice Sivigny bietet einen tollen Blick über das Gelände. Le Tronchet | Domaine de Saint Yvieux | Tel. 02 99 58 98 99 | www.saint-malo. bluegreen.com | ganzjährig geöffnet | Greenfees ab 42 €

HAUSBOOTE 🚣

Eine äußerst beliebte Urlaubsvariante sind Fahrten im Hausboot über die 600 km langen Wasserstraßen der Region, vor allem napoleonische Kanäle mit Schleusen. Mehrere Veranstalter bieten Touren mit Booten an, z. B. Le Boat. Diese Agentur konzentriert sich hauptsächlich auf den schönen Canal de Nantes à Brest, der sich über 360 km von der Loire bis in die Küstenstadt

Brest schlängelt und dabei die Flüsse Aulne, Oust, Isac und Erdre abdeckt.

🕐 Buchen Sie im Sommer, wenn das Wetter halbwegs stabil ist.
Tel. (in Deutschland) 0 61 01/5 57 91 75 | www.leboat.de | einwöchige Bretagne-Tour ab 635 € (plus Nebenkosten)

MOUNTAINBIKING 🚶

In der Vergangenheit wurden etliche Strecken für Mountainbiker präpariert und gekennzeichnet, beispielsweise in Erdeven im Land der Menhire. Teilweise sind für Radfreunde Beschreibungen mit topografischen Karten erhältlich, nähere Auskunft gibt es im örtlichen Office de Tourisme.

RAD FAHREN 🚶

Viele interessante Ziele lassen sich von der Küste aus gut auf Pedalen erkunden. Sie sollten unbedingt ein Rad mit mindestens zehn Gängen ausleihen bzw. mitbringen, da es in der Region regelmäßig bergauf und bergab geht.
Es gibt eine Reihe von beschilderten Radwegen und viele ruhige, abgelegene Nebenstraßen. Reizvolle Fahrten lassen sich auf den alten Treidelpfaden entlang der Kanäle im Inland unternehmen. Im Westen ist eine Rundfahrt zu den »calvaires« zu empfehlen, wo Sie viel erkunden und die einzelnen Etappen auch je nach Kondition kurz halten können. Wer seinen Urlaub komplett mit seinem Drahtesel gestalten möchte, findet in den »gîtes d'étape« auf dem Land gute Übernachtungsmöglichkeiten.

Vélos bleus   G 2
Diese Verleihstation in Saint-Malo bietet eine große Auswahl an Tourenrädern und Mountainbikes.

Saint-Malo | 19, rue Alphonse Thébault | Tel. 02 99 40 31 63 | www.velos-bleus.fr | Nov.–Feb. geschl. | Räder innerhalb Saint-Malo ab 13 €/Tag, Räder für längere Touren ab 16 €/Tag

VéloStar   H 4
Bei dem kommunalen Verleihsystem können Sie an über 80 Stationen in Rennes mit der »KorriGo«-Card ein Rad entleihen oder abgeben. Die Karte ist im Office de Tourisme erhältlich. Die zehn größten Stationen akzeptieren auch Kreditkarten.

Rennes | Stationen in der Stadt verteilt | www.levelostar.fr

REITEN 🚶

Auch der Pferdesport hat eine lange Tradition in der Bretagne, jeder größere Ort verfügt über ein Reitzentrum. Diese »centres équestres« bieten während der Sommermonate Reitunterricht, mehrstündige Tagesausritte oder Reiterferien für Gäste an.

Centre Équestre des Menhirs   E 5
Der Pferdestall hat Kurse und Ausritte für alle Altersklassen (ab vier Jahre) im Programm. Gäste können u. a. ins Hinterland von Carnac und an den Strand Mendu ausreiten.

Carnac | Le Manio Kerlescan | Tel. 02 97 55 73 45 | www.centre-equestre-les-menhirs.fr | ganzjährig geöffnet

Ferme Équestre La Champagne   F 6
Der Reitstall organisiert diverse Kurse und Ausritte in den Parc naturel régional de Brière für alle Altersklassen.

Saint-Molf bei Guérande | 6 km nördl. der Stadt an der D 774 | Tel. 06 08 50

69 43 | www.equitationlachampagne.
com | Halbtagesausritte ab 60 €, Reit-
stunde (z. B. 12–18 J.) ab 15 €

SEGELN 👤👥

Segelboote und Katamarane werden an
fast jedem Badestrand vermietet, und
man braucht in Frankreich keinen ext-
ra Schein zum Führen der Segelboote.

École de Voile   🔖 D 1

Die Schule am Tresmeur-Strand verleiht Segelboote, Kajaks und Surfbret-
ter, aber auch Kurse für alle Altersklassen sind im Programm.
Trébeurden | 3, route de Traoumeur |
Tel. 02 96 23 51 35 | www.ev-trebeurden.
com

École de Voile Latitude   🔖 F 6

Die Surfschule veranstaltet Segel- und
Surfkurse unterschiedlicher Schwierig-
keitsgrade, zudem Verleih von Brettern
und Sportausrüstung.
La Baule | 28, boulevard de l'Océan |
Tel. 02 40 60 57 87 | www.latitude-voile.
cóm | ganzjährig geöffnet | 1 Std.
Windsurfunterricht ab 25 €, 1 Std. Kata-
maranunterricht ab 30 €

STRANDSEGELN

»Char à voile« nennt sich der dreirädri-
ge Wagen mit Segel. Geschwindigkei-
ten um die 100 km/h sind auf dem bei
Ebbe frei liegenden harten Sand durchaus möglich – wenn man die Technik
beherrscht!

ZEFAttitud'   🔖 E 5

Die Schule bietet seit 2009 Strandsegel-
kurse in Quiberon, Saint-Pierre-Quiberon und Erdeven an, für Kinder erst
ab einem Alter von acht Jahren.

Saint-Pierre-Quiberon | Plage de Penthi-
èvre | Tel. 06 11 26 22 10 | www.zefattitud.
com | ganzjährig geöffnet | 1 Std. Char-
à-voile-Privatunterricht 20 €

TAUCHEN 👤👥

Vor der felsigen Côte de Granit Rose
und den Îles de Glénan im Süden finden Taucher eine abwechslungsreiche
Flora und Fauna vor.

Quiberon Plongée   🔖 E 5

Der Tauchspezialist organisiert diverse
Kurse und fährt folgende Tauchgründe
an: La Baie und La Côte Sauvage de
Quiberon, Île de Houat, Belle-Île.
Quiberon | 2, Port Haliguen | Tel. 02 97
50 00 98 | www.quiberon-plongee.
com | drei Schnupper-Tauchgänge inkl.
Ausrüstung ab 160 €

WANDERN 👤👥

Die Region ist ein bekanntes Wander-
gebiet mit einer entsprechenden Infrastruktur: Allein das Finistère verfügt
über 1000 km Wanderwege. Neben den
»grandes randonnées« existieren etliche
»petites randonnées«, markierte Strecken, die sich individuell variieren lassen, von der Zwei-Stunden-Promenade
bis zur Tagestour. Der schönste Küstenwanderweg GR 34 führt vom Klosterberg Mont-Saint-Michel die komplette
Küste entlang und endet nach 1700 km
südlich von Vannes. Auch der Zöllnerpfad, »Sentier des douaniers«, ein Teilstück des GR 34 entlang der Côte de
Granit Rose, und der GR 340 auf der
Belle-Île im Süden sind zu empfehlen.
Wanderkarten erhalten Sie in den örtlichen Offices de Tourisme.
🕐 Die attraktivste Jahreszeit zum Wandern ist der Frühsommer.

Für viele Seefahrer ist der Phare du Créac'h auf der häufig von Sturmtiefs gebeutelten Île d'Ouessant (▶ S. 100) das erste Leuchtfeuer nach dem Überqueren des Golfs von Biskaya.

Bretagne-Rando

Die bretonische Wanderorganisation ist in allen vier Départements aktiv und kümmert sich um die Interessen der Wanderfreunde und interessierter Urlaubsgäste. Sie führt auch organisierte Wanderungen durch.
www.bretagne-rando.com

Rando Accueil   ✦ H 3

Die Vereinigung ist ein Verbund wanderfreundlicher Einrichtungen.
Montgermont | 7c, rue Pierre Texier | Tel. 02 99 26 13 50 | http://rando.abri. free.fr

WINDSURFEN ♟

Die bretonische Küste ist ein ideales Gebiet für Windsurfer, egal ob Einsteiger oder Brandungssurfer, denn eine Flaute gibt es hier äußerst selten – wenngleich die vorgelagerten Inseln bisweilen die Kraft des Meeres brechen. Perfekte Brandungsstrände finden Sie an der Nord- und Südküste, entlang der Halbinsel Quiberon gibt es Brandungsvarianten wie auch wellengeschützte Areale. Von Mai bis Juni treffen Surfer beste Windverhältnisse an, ein Trockenanzug ist dann empfehlenswert. In nahezu jedem Badeort gibt es Surfschulen.

Club nautique de Trégastel 🏄 E 1

Die Schule auf der Landspitze zwischen dem Grève-Blanche- und dem Grève-Rose-Strand hat Segel-, Kajak-, Stand-Up-Paddle- und Surfkurse in ihrem Programm. Sie verleiht außerdem Kajaks und Bretter.

Trégastel | Tel. 02 96 23 45 05 | www.cntregastel.com | im Sommer tgl. geöffnet

École de Surf Surfing Paradise 🏄 E 5

Die erste Surfschule, die in Morbihan 1996 eröffnete, bietet Surfkurse für Interessierte im Alter von 5 bis 77 Jahren an. Sie verleiht auch das Equipment.

Saint-Pierre-Quiberon | Route du Port Blanc | Tel. 02 97 50 39 67 | www.quibe ronsurfparadise.com | 2 Std. Gruppenkurse ab 30 €, Wochenkurse ab 150 €

STRÄNDE 🏊

Die Bretagne wartet mit abgelegenen Badebuchten ebenso wie mit weitläufigen überwachten Stränden auf. An der wilden rauen Westküste gibt es allerdings auch Bereiche mit striktem Badeverbot. Durch den Gezeitenwechsel treten teilweise starke Strömungen auf, ebenso können scharfkantige Riffe und die herantosende Flut Schwimmer bedrohen. Die rote Flagge bedeutet an einem überwachten Strand akute Gefahr, bei gelber Flagge ist eine erhöhte Vorsicht geboten. FKK ist fast überall verboten, Sonnenbaden oben ohne ist ebenfalls nicht gern gesehen.

La Baule 🏄 F 6

Wie eine Sichel erstreckt sich die 12 km lange Plage an der Côte d'Amour. Die Atmosphäre ähnelt Strandorten an der Côte d'Azur.

Bénodet 🏄 C 4

Ein Strand mit seichtem Wasser an der Odet-Mündung gelegen. Schöne Promenade und gute Infrastruktur mit mehreren Kinderclubs.

Quiberon 🏄 E 5

Die breite Grande Plage mit feinem Sand ist im Sommer etwas überfüllt. Gäste können jedoch auf nahe Strände auf der Halbinsel ausweichen, z. B. auf die Plages de Penthièvre oder de Saint-Pierre mit einigen Strandclubs. Zwischen den Buchten Port Blanc und Port Bara an der Côte Sauvage am Atlantik ist Baden hingegen verboten.

Saint-Cast-Le-Guildo 🏄 G 2

Am 2 km langen Sandstrand geht es ziemlich lebendig zu, etliche Surfschulen bieten Urlaubsgästen ihre Dienste an. Auch bei Flut gibt es noch Liegeplätze. Etwas intimer als die Grande Plage in dem beliebten Badeort ist die Plage de Pen-Guen.

Saint-Malo 🏄 G 2

Direkt vor der Ville Close erstrecken sich wunderschöne Sandstrände. Und bei Ebbe können Sie die vorgelagerten kleinen Inseln auch zu Fuß erreichen.

Trégastel 🏄 E 1

An der schönsten Stelle der Rosa-Granit-Küste finden Urlaubsgäste attraktive Sandstrände mit eindrucksvollen Felsformationen. Etliche Wassersporteinrichtungen bieten Ausrüstung und Kurse an, einige sind am Grève Rose zu finden. Einer der schönsten ist wohl der feinsandige, etwa 500 m lange Grève Blanche, er ist auch bei Ebbe zum Baden geeignet.

FESTE FEIERN

Die Bretagne ist katholischer als das übrige Land, fast jeder Ort
hat seinen jährlichen »pardon«, die Wallfahrt zum Ortsheiligen.
Aber auch sonst feiern die Bretonen gerne und oft – und befolgen
alte Traditionen und Bräuche mit großer Leidenschaft.

Tausende von Pilgern finden sich bei den großen **Prozessionen** mit Ker-
zen, Ahnen- und Heiligenbildern ein. Die Umzüge zu Ehren der verschiedenen Heiligen sind in der Bretagne kaum zu zählen. Einmal im
Jahr machen sich die Gläubigen auf, um sich ihre Sünden vergeben zu
lassen, um Unterstützung gegen Schicksalsschläge und Krankheiten zu er-
bitten oder neue Kraft zu finden. Bereits am Pfingstsonntag beginnen die
ersten Wallfahrten, beispielsweise der »pardon« von Moncontour mit seinen berühmten Lichterprozessionen. Am zweiten Sonntag im Juli wird in
Locronan ein wichtiger »pardon« abgehalten. Die wohl größte Prozession
der Region findet in Sainte-Anne-d'Auray in der zweiten Julihälfte statt.
An den Vormittagen wird bei den »pardons« ein Prunkgottesdienst gefeiert. Höhepunkt ist jedoch die Prozession am Nachmittag: Vorneweg
schreiten die Priester, dann die Bannerträger. Die jeweiligen Reliquien

◀ Das Festival Interceltique (▶ S. 50) von Lorient empfängt Besucher aus der ganzen Welt.

oder Statuen folgen hinterher, anschließend der Pilgerzug, der je nach Umfang der Wallfahrt aus der Dorfgemeinde oder wie etwa in Sainte-Anne-d'Auray aus Tausenden von angereisten Pilgern besteht. Das Rahmenprogramm bilden meist ein Jahrmarktrummel, fliegende Händler und eine Reihe von Essensständen.

DAS FEST DER BLAUEN NETZE

Im August feiern die Bretonen mit Trachten, Techno, Umzug und Open-Air-Fest den Erfolg einer eher ungewöhnlichen Hilfsaktion. 1905 waren in Concarneau die Sardinenschwärme ausgeblieben. Die Fischerstadt verlor ihre Lebensgrundlage, viele Familien hungerten, und ganz Frankreich schickte Spenden. Auch die Künstler halfen den Seeleuten. Am 10. September 1905 veranstalteten sie das erste Fest der blauen Fischernetze. Der Dichter Jos Parker nannte es »**Filets Bleus**«, in Anlehnung an die blauen Netze, die durch ihre Farbe für die Fische im Meer getarnt sind. Auf einer Bühne spielten Bombardes und Binious einen Tusch für die Tombola, für die jeder Künstler ein Werk gespendet hatte. Bis heute ist die Trachtenparade ein Höhepunkt des Volksfestes, noch immer eröffnen 400 Blechbläser das große Spektakel und begeistern mit einem Crescendo der »sonneurs«, die die Hymne der Sardinenfischer in den Himmel schmettern. In gelb-rot bestickter Tracht und weißen Spitzenhäubchen führen am Sonntagmorgen die Sardinenkönigin und ihre Ehrenjungfern den Umzug durch die Ville Close von Concarneau, die hinter Festungsmauern versteckte Altstadt. Unter freiem Himmel werden Tänze wie Gavotte, Andro und Pache Pie fleißig geübt und auf der »fest-noz« weiter getanzt, während in den Bars Technorhythmen erklingen (www.festivaldesfiletsbleus.fr).

APRIL

Jakobsmuschelfest, Saint-Quay-Portrieux 🎎
Die Bretagne widmet der Jakobsmuschel ein ganzes Wochenende: Dabei stehen Konzerte, Ausflüge mit Fischerbooten, eine Bootsparade und Verkostungen auf dem Programm.
Mitte April

MAI

Segel-Festival »La Semaine du Golfe«, Golf von Morbihan 🎎
Über 1000 Segelboote aus ganz Europa kommen alle zwei Jahre in die kleine Bucht, um das Segelfest zu feiern. Highlight ist die große Parade am 16. Mai.
Mitte Mai
www.semainedugolfe.com

Pardon de Saint-Yves, Tréguier

Es findet eine Prozession mit mehreren Tausend Teilnehmern statt – in Tracht und mit viel Musik.

3. Sonntag im Mai

JUNI

Pardon Saint-Mathurin, Moncontour

Dieser bedeutende »pardon« wird von Lichterprozessionen begleitet.

Pfingstwochenende

JULI

Les Tombées de la nuit, Rennes

Den ganzen Tag über und bis tief in die Nacht hinein finden in der Altstadt Theater-, Musik-, Pantomime- und Marionettenaufführungen statt.

Anfang Juli

Fête des Brodeuses, Pont L'Abbé

Die Tradition der Trachten lebt an diesem Wochenende wieder auf.

Zweites Juliwochenende
www.fetedesbrodeuses.com

Petite Troménie, Locronan

Die wichtigste Prozession in Locronan.

Zweiter Sonntag im Juli

Festival des Vieilles Charrues, Carhaix

Elton John und die Scorpions rockten schon die großen Bühnen von Carhaix. Das Musikfestival mit über 250 000 Gästen ist eines der beliebtesten Open-Air-Events in der Bretagne.

Mitte Juli
www.vieillescharrues.asso.fr

Festival de Cornouaille, Quimper

Seit dem Jahr 1923 steht das Fest jeden Juli ganz im Zeichen der bretonischen Kultur und Tradition, aber auch große internationale Künstler treten hier auf.

Ende Juli
www.festival-cornouaille.com

Sainte-Anne-Pardon, Sainte-Anne-d'Auray

Die größte Wallfahrt der Bretagne – den Auftakt macht am 25. Juli die Lichterprozession, am folgenden Vormittag folgt die große Sainte-Anne-Prozession mit bis zu 30 000 Pilgern.

25.–26. Juli

AUGUST

Festival Interceltique, Lorient

Rund 700 000 Besucher und 4000 internationale Künstler feiern jedes Jahr das größte Keltentreffen der Welt. Bretonische Sackpfeifen treffen auf E-Gitarren und Synthesizer. Insgesamt gibt es etwa 100 Veranstaltungen.

Anfang/Mitte August
www.festival-interceltique.com

Les Filets Bleus, Concarneau

Zwischen Sardinen und Dudelsäcken feiert das Festival der blauen Fischernetze inzwischen seinen 110. Geburtstag. Mit Musik, Spielen und zahlreichen Trachten geben sich auf dem Fischerfest die maritime und keltische Kultur ein buntes Stelldichein.

Mitte August
www.festivaldesfiletsbleus.fr

Fête du Chant de Marin, Paimpol

Das internationale Wettsingen der Seeleute mit Bagadoù, vielen Konzerten und einer Ausstellung alter traditioneller Segelholzschiffe. Alle zwei Jahre im August legen Hunderte traditioneller Segelschiffe im Hafen an, gehen See-

männer an Land und steigen internationale Künstler auf die Bühne.
Mitte August
www.paimpol-festival.fr

Rendez-vous de l'Erdre, Nantes

Das renommierte Open-Air-Jazzfestival mit 350 Künstlern und mehr als 110 Konzerten an den Ufern des Erdre.
Ende August
www.rendezvouserdre.com

NOVEMBER

Trans Musicales, Rennes

Rennes steht im Zeichen des internationalen Festivals für elektronische Musik.
http://lestrans.com

Yaouank, Rennes 👫

Über 6000 Bretonen und Urlauber sowie Tausende Musiker tanzen bei dem weltgrößten »fest-noz« jedes Jahr bis in die frühen Morgenstunden. Traditionelle Klänge vermischen sich mit Rock, Jazz und Elektro aus aller Welt. Bretonische Sackpfeifen treffen auf E-Gitarren und afrikanische Percussions.
Drei Wochen im November
www.yaouank.com

DEZEMBER

Les Rencontres Trans Musicales, Rennes

Bei dem Musikfestival treten mehr als 90 Nachwuchstalente aus aller Welt in den Konzerthallen der bretonischen Hauptstadt auf. Von Elektro und Hip-Hop über Britpop bis hin zu französischem Rap ist für alle Geschmäcker etwas zu finden.
Anfang Dezember
www.lestrans.com

Die eigene Identität zu bewahren heißt auch, Traditionen zu pflegen. Bei der Petite Troménie (▶ S. 50) wird Locronan alljährlich am zweiten Julisonntag zum Wallfahrtsort eines »pardon«.

MIT ALLEN SINNEN
Die Bretagne spüren & erleben

Reisen – das bedeutet aufregende Gerüche und neue Geschmacks-erlebnisse, intensive Farben, unbekannte Klänge und unerwartete Einsichten; denn unterwegs ist Ihr Geist auf besondere Art und Weise geschärft. Also, lassen Sie sich mit unseren Empfehlungen auf das Leben vor Ort ein, fordern Sie Ihre Sinne heraus und erleben Sie Inspiration. Es wird Ihnen unter die Haut gehen!

◀ Die Île de Bréhat (▶ MERIAN TopTen, S. 54) mit dem Kajak aus einer neuen Perspektive.

AKTIVITÄTEN

Alles rund um die Natur in der Maison de la Baie d'Audierne 👥 ⛵C4

Mund zu, Augen auf, Ohren gespitzt, wenn Sie eine der 300 Vogelarten an den Weihern der Baie d'Audierne entdecken. Auf der Wanderung erfahren Sie alles über die Dünen, die Feuchtgebiete und das Schilf, das Watt und die Polder der Bucht. Die Maison de la Baie d'Audierne, ein renoviertes Bauernhaus in Tréguennec, informiert Naturfreunde über den Park. Das Haus wird vom Küstenschutz geleitet und lädt mit Ausstellungen, Videos, einem Lesebereich und professionell geführten Naturwanderungen zur Entdeckung der Tier- und Pflanzenwelt, der Landschaft und der Arbeit zum Landschaftsschutz ein. Besondere Termine sind das Naturfest (Fête de la Nature) im Mai, das Fest der Heimat und der Kirchtürme im Juni und das Beringen der Vögel den ganzen Sommer über.

Tréguennec | 65, route de Saint-Vio | Maison de la Baie | Tel. 02 98 87 65 07 | http://sitenaturel-baiedaudierne.jimdo.com

Ein Törn auf dem »Boliden der Meere« an der Smaragdküste 👥 ⛵H/J2

Eine besondere Tour für Bootsfreunde ist der Segeltörn mit Skipper Gilles Lamiré an Bord des legendären Trimarans, mit dem er allein über die »Route du Rhum« quer über den Atlantik von der Bretagne bis nach Guadeloupe segelte. Wenn Sie auf diesem majestätischen Segelboot über die Wellen gleiten und sich den Wind um die Nase wehen lassen, entdecken Sie die Bucht des Mont-Saint-Michel und die Smaragdküste in einem neuen Licht. Nach ein paar Sicherheitshinweisen sausen die sportlichen Gäste mit dem Trimaran vorbei an der Pointe du Grouin in Richtung Granville – ein tolles Gefühl mit einem Boot, das zweimal schneller als der Wind ist. Die Fahrt ist so komfortabel, dass man fast auf den Netzen

einschlafen könnte, aber es gibt zu viel zu sehen: z. B. den Mont-Saint-Michel, der mitten im türkisblauen Meer zu stehen scheint. Und vor der Rückfahrt nach Port Briac passieren die Segler noch das beschauliche Fischerdorf Cancale. Ausflüge auf dem Trimaran werden von April bis Oktober angeboten.

Bucht rund um den Mont-Saint-Michel | Tel. 06 46 48 76 35 | www.bretagne-reisen. de/ideen | Kosten (halbtägig) 90 €

Mit dem Kajak zur Blumeninsel Bréhat 👥 ⛵F1

Kurs auf die Alte von Loguivy! Nein, das ist keine Beleidigung, nur der Name einer altehrwürdigen schwarz-gelben Boje. Die Sonne bringt die blauen und grünen Farbreflexionen des Meers zum Glitzern, und die vielen Steine am Grund machen das Bild noch bunter

– eine geführte Tour mit dem Kajak durch die Mündung des Trieux in Richtung des Archipels der Blumeninsel Bréhat 🔴6 ist entspannend und aufregend zugleich. Kristallklares Wasser, und unter den Kajaks zieht Blatttang vorbei. Nur der rauschende Wind und der Rhythmus der Paddel begleiten die hier herrschende Stille.

Vorbei geht's an kleinen Lagunen und Buchten. Gleich hinter einem Granitfelsen versammeln sich die Kajaks, und die Gäste bewundern einige Kormorane, die ihre Flügel trocknen. Ein herrliches Schauspiel! Weiter gelangt man bis zum Leuchtturm Phare de la Croix – neben jenem von Cardouan, der einzige für Besucher geöffnete Leuchtturm auf hoher See. Gegenseitige Unterstützung ist nötig beim Anlegen am Phare de la Croix. Guide Florian zeigt uns die Geheimnisse des Wachpostens der Meere. Unterwegs gibt es eine kurze Mahlzeit mit bretonischen Spezialitäten; Boote, Paddel, Spritzdecken und Schwimmwesten werden gestellt.

Paimpol | Nautikstation Paimpol Goelo | Tel. 02 96 20 22 22 | www. bretagne-reisen.de/ideen | Dauer 3 Std. | Kosten 34 €

Mystik auf den Gipfeln der Monts d'Arrée 🚶 D 2

Auch Wanderer, die das Frühaufstehen nicht so favorisieren, wird das Morgengrauen auf den Monts d'Arrée verzaubern. Die authentische Schönheit der Landschaften, die Magie der Lichtspiele, die Mysterien der Heidelandschaft. Zum Aufwärmen geht's zunächst durch die von Gras begrenzte Heide von Saint-Antoine; sie führt durch wilde, duftende Birnbaumwiesen und Stechginster. Die

Natur erwacht zur selben Zeit wie die Teilnehmer. Ein Erlebnis für die Sinne. Oberhalb des Farnkrauts zeigt der Wanderführer zwischen zwei felsigen Steilhängen den Mont Saint-Michel de Brasparts, den Tuchenn Gador, den Roc'h Trévezel, den Lac de Brennilis, ferne

Gipfel. Zu Füßen der Ausflügler tanzen Nebelfetzen im Heidekraut. Sie befinden sich auf dem legendären Gebiet des Yeun Elez, des Sumpflandes im Herzen des Parc d'Armorique. Hier im Hochmoor öffnen sich die Pforten zur Hölle – sagen die Legenden. Ein heute verborgener Weiher ohne Grund verschlinge die verdammten Seelen. Der Fußmarsch endet entlang der Katen mit ihren rustikalen Schieferdächern – und mit einem deftigen Frühstück.

Länge: 8,5 km | Tel. 02 98 99 66 58 | www.bretagne-reisen.de/ideen | Kosten 12 €

Sturmfluten auf der Insel Île d'Ouessant A 2

Sind Sie bereit, bis zum Landende zu gehen? Also dann, Kurs auf das Archipel von Ouessant, 30 km von der westlichen Landspitze Saint-Mathieu entfernt. Dieses Inselband scheint irreal, wie aufgehängt zwischen Himmel und Erde, umrahmt von Gischt. Fast eine initiatorische Erfahrung erwartet die Gäste. Meterhohe gewaltige Sturmfluten können Besucher der westlichsten Bretagne-Insel im Spätherbst und Winter hautnah miterleben. Die Insulanerin Ondine Morin führt ihre Gäste zu den besten Aussichtspunkten ihrer wilden Heimat. Die »Sturmwanderungen« sind ab drei Teilnehmern und nur bei Reservierung im Voraus möglich.

🕐 Im Herbst und Winter, wenn es richtig stürmt, ist es am wildesten.

Île d'Ouessant | Reservierung unter Ondine@kalon-eusa.com | Kosten 16 €, Kinder (5–16 J.) 10 €

WELLNESS

Thalassozentrum Sea & Spa Dinard
⚓ G2

Schon Platon formulierte den Leitspruch: »Das Meer wäscht alle Leiden vom Menschen ab.« Nach einem langen Strandspaziergang Körper und Seele mit den Kräften des Meeres entspannen: In der Bretagne bieten Ihnen 13 Thalassozentren direkt am Atlantik umfangreiche Pflegekuren, eines davon ist das Thalasso Sea & Spa Dinard, das gerade erst seine Therapie- und Entspannungsräume modernisiert hat.

Ein Team von Hydro- und Physiotherapeuten und Masseuren sorgt dafür, dass sich Spa-Liebhaber hier bei Algen- oder Meerschaumpackungen, Hamambädern, Hydromassagen und Aquagymnastik in den Seewasserpools vollends entspannen. Neben Thalassoanwendungen gibt es auch Gesichtsbehandlungen und andere Massagen. Einfach relaxen und den Gedanken freien Lauf lassen. Traumhaft!

🕐 Sehr schön ist der Herbst, wenn es so richtig kuschelig im Thalassozentrum wird.

Dinard | Thalasso Sea & Spa Dinard | Tel. 02 99 16 78 10 | www.thalassa.com | sechstägiges Therapieprogramm inkl. Vollpension im Doppelzimmer und 24 Anwendungen ab 1458 €/Person

Ein Sturm peitscht über die Île d'Ouessant (▶ S. 54). In kaum einer Region Europas ist man den Naturmächten so nah wie in der Bretagne, Ebbe und Flut bestimmen den Tagesablauf.

Bei Ebbe grasen Schafe vor dem Kloster Mont-Saint-Michel (▶ MERIAN TopTen, S. 84).

DIE BRETAGNE
ERKUNDEN

RENNES UND UMGEBUNG

*Kunst, Kultur und Architektur machen den Reiz
der Hauptstadt der Bretagne aus. Ihr geschütztes und
saniertes Kulturerbe geht mit dem Leben einer jungen
Studentenstadt eine harmonische Verbindung ein.*

In Rennes fließen Ille und Vilaine zusammen – eine Lage, die die Stadt seit
fast zwei Jahrtausenden zum Verkehrsknotenpunkt macht. Helle, breite
Straßen mit klassizistischen Häuserfassaden prägen das Bild im Zentrum,
in den Palästen aus dem 18. Jh. sitzen heute Beamte aus dem Finanz- und
Justizwesen über ihren Akten. Doch das eigentliche Leben in der bretonischen Hauptstadt bestimmen die rund 62 000 Studenten der Universitäten
und Fachhochschulen, die für eine weltoffene Atmosphäre sorgen.

KRÖNUNGSSTADT DER HERZÖGE

Rennes war einst Krönungsstadt der Herzöge, die Tortürme Portes Mordelaises zeugen von dieser Zeit. Die engen Straßen und gewundenen Gassen mit den kunstvoll verzierten Fachwerkhäusern illustrieren die auf-
strebenden Baukünste während des 15. bis 17. Jh. Die Übergabe des

◄ Straßencafés und Fachwerkhäuser auf der Place Sainte-Anne in Rennes (▶ S. 59).

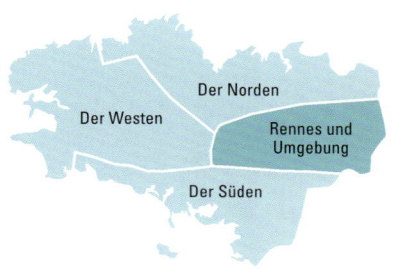

Der Norden
Der Westen
Rennes und Umgebung
Der Süden

Herzogtums an Frankreich im Jahr 1532 stärkt die Stadt ungemein, so wird sie 1554 zum Sitz des **bretonischen Parlaments** – und zur politischen Metropole der Bretagne.

Neben der mittelalterlichen Altstadt liegt ein im klassizistischen Stil erbautes Viertel mit zwei aneinandergrenzenden königlichen Plätzen. Beide faszinieren durch markante Bauwerke: das Parlament der Bretagne sowie das Rathaus, das von dem königlichen Bauherrn Jacques Gabriel entworfen wurde. Er gab der Stadt nach einem verheerenden Brand im Jahr 1720, bei dem fast 1000 Häuser den Flammen zum Opfer fielen und über 8000 Menschen obdachlos wurden, ein neues Gesicht. Jenseits der Stadthäuser aus Holz und aus Stein und der Abteipäläste bietet sich der grüne **Parc du Thabor**, entworfen von Landschaftsplanern des 17. Jh., den Gebrüdern Bühler, als wunderbarer Ort der Ruhe mitten in der Stadt an. Im Zweiten Weltkrieg litt Rennes unter schweren Bombardements, vor allem in der Südstadt wurde viel zerstört. Doch die Aufbauarbeiten nach dem Krieg sind ein positives Beispiel urbaner Planung, die sympathische Metropole strahlt heutzutage wie eh und je.

Rennes ist zum einen administratives Zentrum der Bretagne, zum anderen aber auch kultureller Mittelpunkt im Westen des Landes. Das Stadtleben wird bereichert durch zahlreiche Kunstausstellungen und Musikfestivals, wie das bekannte Trans Musicales, die alljährlich stattfinden.

RENNES

🔖 H 4

Stadtplan ▶ Klappe hinten
208 000 Einwohner

SEHENSWERTES

❶ Cathédrale Saint-Pierre

Von der alten Kathedrale, in der früher die bretonischen Herzöge feierlich gekrönt wurden, blieb leider nicht viel übrig. Sie stürzte nach dem verheerenden Brand des Jahres 1720 weitgehend ein. Nur die beiden markanten Türme überstanden die Flammen. Auffallend ist der vergoldete flandrische Altar aus dem 16. Jh. in der Seitenkapelle, die ausladenden Schnitzereien erzählen vom Leben der Jungfrau Maria. Der heutige neoklassizistische Kolossalbau wirkt trotz des vergoldeten Stucks eher etwas düster und melancholisch.

Carrefour de la Cathédrale | tgl. 9.30–12, 15–18 Uhr

❷ Hôtel de Blossac

Dieses wohl prächtigste Patrizierhaus der Stadt entstand 1728 bis 1732 im Auftrag eines Richters. Es ist ein schönes Beispiel eines klassischen städtischen Wohnsitzes aus der Zeit der Aufklärung mit Ställen, Wirtschaftsgebäuden und einem großen Wohntrakt. Bemerkenswert ist die Empfangshalle mit der geschwungenen, von Marmorsäulen und Arkaden geschmückten Treppe. Heute befindet sich in dem denkmalgeschützten Bau die Leitung für regionale Angelegenheiten.

Rue du Chapitre (hinter der Kathedrale) | Außenbesichtigung während der offiziellen Öffnungszeiten der Behörde

❸ Hôtel de Ville und Théâtre

Das heutige monumentale Rathaus mit dem Glockenturm, liebevoll »Le Gros«, der Dicke, genannt, wurde in den Jahren 1734 bis 1743 erbaut. Das neoklassizistische Theater direkt gegenüber kam etwas später hinzu, im Jahr 1832.

Place de la Mairie | im Sommer bietet das Fremdenverkehrsamt Gratisführungen

❹ Jardin des Plantes (Le Parc du Thabor) 👫

Aus dem ehemaligen Obstgarten der Abtei Saint-Melaine ließ der Landschaftsarchitekt Denis Bühler im zweiten Kaiserreich den 10 ha großen Stadtpark Thabor entstehen. Mit seinen Pavillons, Brunnen, Rosengärten, seiner Voliere und einem artenreichen Baum- und Pflanzenbestand stellt er eine der schönsten Parkanlagen Frankreichs dar.

🕐 Besuchen Sie den Park am Morgen, dann ist er noch recht leer.

Place Saint-Melaine | ganzjährig, saisonbedingte Öffnungszeiten

❺ Palais du Parlement de Bretagne

Der Parlamentspalast ist der prestigeträchtigste und wichtigste historische Bau von Rennes, von Salomon de Brosse im 17. Jh. entworfen. In der **Grand' Chambre**, der 20 m langen und 7 m hohen Großen Kammer, trat zum ersten Mal das bretonische Parlament zusammen. Prunkvolle Gemälde zieren die Kassettendecke, vergoldete Täfelungen die Logen – selbstbewusste bretonische Aristokratie. Mit dem Hofarchitekten de Brosse hielt damals die königliche Architektur nach Pariser Vorbild Einzug in Rennes. Dieser Renaissancebaustil unter Ludwig XIII. ist überall in der Hauptstadt zu finden und beeinflusste auch Herrschaftspaläste und kirchliche Bauten. Im Jahr 1994 ging der Palais während einer Demonstration der Fischer gegen die europäische Agrarpolitik in Flammen auf, danach wurde der Komplex vollständig restauriert und der alte Prunk wieder hergestellt. Das Parlamentsgebäude ist bei einem geführten Rundgang zu besichtigen.

Place du Parlement de Bretagne | Auskunft zur Führung beim Office de Tourisme oder unter Tel. 02 99 67 11 66 | Eintritt 7,20 €, Kinder 4,60 €

MUSEEN UND GALERIEN

Écomusée du Pays de Rennes 👫

▶ Klappe hinten, südl. d 6

Auf dem am Stadtrand gelegenen ehemaligen Gehöft von Bintinais gewinnt man gute Einblicke in das bäuerliche Leben der Bretonen: Wie beispielsweise ein Bauernhaus in der Bretagne vor Jahrhunderten eingerichtet war oder der beliebte Cidre hergestellt wird – und wie hart die Bauern auf den Feldern in früherer Zeit arbeiteten.

Route de Châtillon-sur-Seiche (im Süden der Stadt) | www.ecomusee-rennes-metropole.fr | April–Sept. Di–Fr 9–18, Sa 14–18, So 14–19 Uhr, im Winter kürzer | Eintritt 5 €, erm. 3 €

Frac Bretagne – Fonds régional d'art contemporain

▶ Klappe hinten, nordwestl. a 1

2012 öffnete der Regionalfond zeitgenössischer Kunst seine Räume für die Öffentlichkeit. In dem Gebäude von Odile Decq – ein radikaler Bau aus Beton, schwarzem Stahl und Glas – werden Sonder- und Wechselausstellungen moderner, abstrakter Kunst gezeigt, aber auch Lesungen, Treffen mit Künstlern oder Konferenzen finden hier statt. Das Museum erhebt sich eindrucksvoll aus der Masse: Architektur und Inhalt gehen hier eine klare Symbiose ein, die sich schon von außen ganz unvermittelt dem Betrachter nähert. Für Freunde moderner Kunst ein Muss.

19, avenue André Mussat | Tel. 02 99 37 37 93 | www.fracbretagne.fr | Di–So 12–19 Uhr | Eintritt 3 €, erm. 2 €

6 Musée des Beaux-Arts

Der im 19. Jh. als Teil der Universität errichtete Palast am linken Vilaine-Ufer war lange Sitz der Fakultäten, diente jedoch von Anfang an auch als Museum. Heute verfügt das Haus über eine umfangreiche Sammlung mit Gemälden aus dem 14. Jh. bis zur Gegenwart. Die italienische Renaissance des 16. Jh. ist vertreten durch Tintoretto und Veronese, dessen Perseus die vollschlanke Andromeda aus den Fängen eines geflügelten Seeungeheuers befreit. Der »Marsch des Todes« des

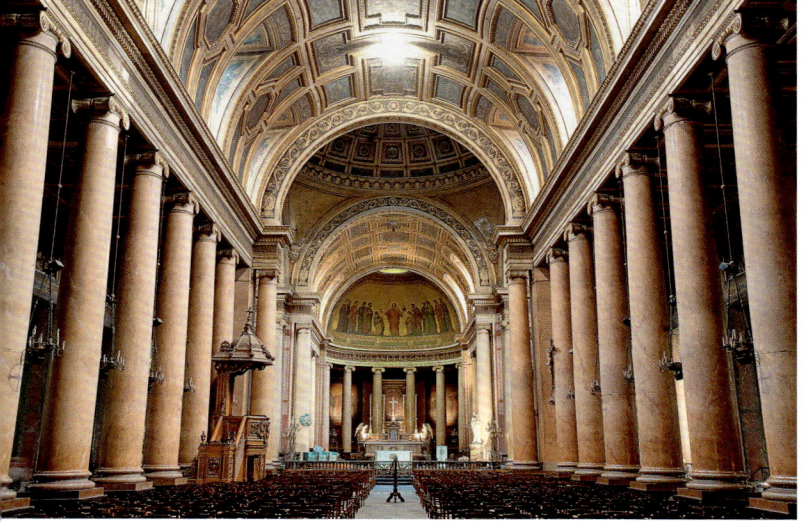

Ein italienisch anmutendes Rundbogengewölbe spannt sich über den Innenraum der Cathédrale Saint-Pierre (▶ S. 59). Das klassizistische Gebäude stammt größtenteils aus dem 19. Jh.

Ein anthrazitfarbener Monolith für die Kunst: 2012 bezog der Fonds régional d'art contemporain (▶ S. 61) diesen von Odile Decq konzipierten Neubau im Beauregard-Viertel von Rennes.

deutschen Malers Hans Baldung Grien ist eher makaber-düster. Unter den Franzosen des 17. Jh. ragen Claude Vignons »Selbstmord Kleopatras« und Le Bruns »Kreuzabnahme Christi« heraus. Im 19. Jh. wird der »Schule von Pont-Aven« eine große Bedeutung geschenkt – mit Werken von Paul Gauguin (»Stillleben mit Orangen«), Émile Bernard (»Der gelbe Baum«) oder Georges Lacombe (»Die Wirkung der Wellen«). Ein weiterer Raum widmet sich den Malern bretonischer Motive wie beispielsweise der Bucht von Erquy und dem »pardon« in Sainte-Anne-la-Palud. Werke von Pablo Picasso, Maurice Utrillo, Maurice de Vlaminck und Delaunay repräsentieren das 20. Jh.

20, quai Émile Zola | www.mbar.org | Di 10–18, Mi–So 10–12, 14–18 Uhr | Eintritt 5 €, erm. 3 €

❼ Musée de Bretagne

Zu den Höhepunkten der Stadt gehört dieses Museum, das Teil des 2006 eröffneten modernen Kulturzentrums **Les Champs Libres** ist. Auf mehreren Etagen erfahren Besucher hier viel über die alte Kultur und Historie der Bretagne: von den Grabruinen der Megalithiker bis zu den Spitzenhauben und Trachten des frühen 20. Jh. So zeigt das Museum Grabbeigaben aus den Hügelgräbern sowie Krüge und Schlachtwerkzeuge aus der Bronzezeit – Archivaufnahmen dokumentieren die schwierige Arbeit der Archäologen.

Interessant ist auch die gallo-römische Epoche, die mit der Seeschlacht der Veneter gegen Cäsar 57 v. Chr. beginnt und mit der Invasion britannischer Mönche Ende des 5. Jh. endet. Herausragend aus der Vielzahl der römischen

Münzen, Armreife und Wegsteine: »die Göttin des Menez-Hom«, ein winziges Bronzeköpfchen mit leeren Augenhöhlen und einem von einer fantasievollen Gans gekrönten Helm. Weitere Abteilungen widmen sich der Region vom 5. bis zum 16. Jh. u. a. mit bildhauerischer Sakralkunst sowie Objekten aus der Zeit der unabhängigen bretonischen Herzöge. Auch die Epoche des Ancien Régime (1532–1789) ist vertreten, ebenso die moderne Bretagne (1789–1914) mit bretonischen Möbeln und vielen ungewöhnlichen Trachten.

10, cours des Alliés | www.musee-bretagne.fr | Di 12–21, Mi–Fr 12–19, Sa, So 14–19 Uhr | Eintritt 4 €, Kinder 3 €

ÜBERNACHTEN

8 Anne de Bretagne 👫

Im Zentrum – Die Zimmer sind einfach und sauber. Das modern-funktionale Hotel bietet eine kleine Bar und ein Frühstücksbüfett.

12, rue Tronjolly | Tel. 02 99 31 49 49 | www.hotel-rennes.com | 42 Zimmer | ♿ | €€€

9 Balthazar Hotel & Spa 🚩

Luxus in der Stadt – Das Hotel in einem alten Stadtpalast verfügt über 53 elegant-moderne Gästezimmer in den Kategorien classic bis de luxe sowie drei Suiten mit großzügigen privaten Terrassen und Panoramablick über die Dächer von Rennes. Der 300 qm große Spa-Bereich bietet einen Pool, Dampfbad, Whirlpool, Sauna und Eisfontäne. Paare können sich bei einer Schönheitsbehandlung oder Massage auch zusammen verwöhnen lassen. Im Restaurant **La table de Balthazar** gibt es sonntags einen Brunch mit traditionel-

len Spezialitäten vom Markt. Moderner Luxus in der bretonischen Hauptstadt.

19, rue du Maréchal Joffre | Tel. 02 99 32 32 32 | www.hotel-balthazar.com | 53 Zimmer und 3 Suiten | ♿ | €€€

LeCoq-Gadby 👫
▶ Klappe hinten, nördl. e 1

Charmantes Ambiente – Das kleine Hotel verfügt über einen Spa-Bereich mit Pool, Sauna und Dampfbad sowie ein schickes Sterne-Restaurant mit einer hübschen Blumenterrasse im Garten. Chef Julien Lemarié bietet seinen Gästen bretonische Küche mit regionalen Spezialitäten, nebenbei führt er auch Kochkurse durch. Die Zimmer des charmanten Hauses sind meist modern eingerichtet, einige auch im rustikalen Stil mit hübschen Antiquitäten.

156, rue d'Antrain | Tel. 02 99 38 05 55 | www.lecoq-gadby.com | 24 Zimmer | ♿ | €€€

10 Hôtel de Nemours 👫

Gemütliches Stadthotel – Dieses Hotel in der Nachbarschaft der Markthalle besitzt modern-klassische, in Erdtönen gehaltene Zimmer und bietet ein umfangreiches Businessfrühstück. In Laufentfernung liegen das Parlamentsgebäude und das Musée des Beaux-Arts.

5, rue de Nemours | Tel. 02 99 78 26 26 | www.hotelnemours.com | 29 Zimmer | ♿ | €€

ESSEN UND TRINKEN

Rennes bietet über 200 Restaurants, Crêperien und Brasserien, für jeden ist etwas dabei: sei es nun typisch bretonisch, exotisch, italienisch oder feine Gourmet-Cuisine. Wer gerne in der Altstadt schlendert: An der Place Rallier du Baty liegen einige internationale, eher einfache Lokale, die Rue Saint-Georges hingegen hat sich inzwischen zu einer Kulinarikmeile gemausert.

RESTAURANTS

⓫ Le Baron Rouge ▶ S. 28

⓬ La Paix 🧍‍♂️🧍‍♀️

Bistro-Atmosphäre – Die gemütliche und alteingesessene Brasserie mit der Weinauswahl in den schicken hohen Wandregalen bietet eine traditionelle französische Bistro-Küche mit bretonischen Spezialitäten. Empfehlenswert: das hausgemachte Entenconfit und das Kalbsbries »en cocotte« mit Trüffelsoße. Allein rund 30 Rotweine sind im Angebot. Ein netter Treff nach dem Arbeitsalltag sowie für Familien.
1, place de la République | Tel. 02 99 79 47 11 | www.lapaix.fr | tgl. 12–24 Uhr | €€

⓭ Queen Mum 🧍‍♂️🧍‍♀️

Englischer Einfluss – Hier geht's britisch zu mit einer traditionellen, wohlschmeckenden Küche, die französische und englische Cuisine kombiniert: z. B. Entenbrust mit Honig oder Filet Mignon mit Ananascreme. Es herrscht eine angenehm warme Atmosphäre. Und zum Schlummertrunk einfach um die Ecke gehen, im O'Connell's-Pub an der Place de Parlement wird's dann irisch.
11, rue Saint-Georges | Tel. 02 23 20 09 83 | So geschl. | €

⓮ Le Saint-Sauveur ▶ S. 28

CAFÉS UND EISDIELEN

⓯ L'Enchanté 🧍‍♂️🧍‍♀️

Hélène und Anne führen diese gemütliche Teestube seit 2009. Sie bieten eine große Auswahl an biologisch angebautem Tee der Sorte »Les Jardins de Gaia«, ebenso Bioweine, bretonische Biere und Aperitifs. Mittags werden Tartines, Suppen und Salate serviert – alles mit frischen Produkten der Saison zubereitet, und am späten Nachmittag gibt es hausgemachte Kuchen. Samstags organisieren die beiden einen besonderen Brunch für ihre Gäste.
2, rue Saint-Melaine | Tel. 02 99 38 71 61 | www.lenchante.fr | Mo 12–14.30, Di–Sa 11.30–19, So 15–18.30 Uhr

⓰ Glacier Sainte-Anne 🧍‍♂️🧍‍♀️

Eine der beliebtesten Eisdielen von Rennes befindet sich direkt an der Place Sainte-Anne. Schleckermäuler haben die Qual der Wahl: Rund 55 Eissorten aus Rohmilch sind hier im Angebot. Um nur einige zu nennen: italienischer Kaffee, Himbeertarte Vanille oder Mandelmilch. Lecker!
🕐 Nach einem ausgiebigen Einkaufsbummel am späten Nachmittag, wenn sich der Platz langsam mit Studenten füllt, ist das Ambiente besonders schön.
Place Sainte-Anne | April–Sept. Mo–Sa 10–19 Uhr, sonst geschl.

CRÊPERIEN

⓱ Crêperie des Portes Mordelaises 🧍‍♂️🧍‍♀️

Unschlagbar ist die 1951 eröffnete Crêperie in der Rue des Portes Mordelaises, die älteste der Stadt. Die Tore bildeten im 11. Jh. den Eingang zu der Hochburg Mordelles, seinerzeit der Haupteingang zur Stadt Rennes. Für ihre beliebten Sardinencrêpes mit Meeresalgen erhielt das Restaurant bereits eine Auszeichnung. Sehr zu empfehlen sind aber auch die »crêpes gourmandes«

Seit 1832 schmückt das neoklassizistische Théâtre de Rennes (▶ S. 60) die Ostseite der Place de la Mairie und bildet einen architektonischen Kontrapunkt zum gegenüberliegenden Rathaus.

mit Bratäpfeln, gesalzener Butter und Karamell. Die Einrichtung in dem historischen Gebäude aus dem 16. Jh. ist volkstümlich – mit einfachen Holztischen, Kamin und einem riesigen Spiegel. Nettes Ambiente, guter Service.

6, rue des Portes Mordelaises | Tel. 0299 305740 | www.portesmordelaises.fr | Di, Mi geschl.

⑱ Crêperie Sainte-Anne

Seit dem Jahr 1953 existiert die über Rennes hinaus bekannte Crêperie mit den urigen Holztischen und der offenen Küche. Die typisch bretonischen »galettes« und Crêpes werden vor den Augen der Gäste auf einer randlosen Herdplatte, der »billig«, frisch zubereitet. Das Lokal überzeugt mit einer großen Auswahl an dünnen Pfannkuchen. Besonders schmackhaft: die »Sainte-Anne Crêpes« mit Schokolade, Vanilleeis und Sahne oder die Apfel-Karamell-Variation. Hier fühlt man sich wie bei Großmutter in der Küche!

5, place Sainte-Anne | Tel. 0299792272 | Mo–Sa 11.45–22 Uhr

BARS

⑲ Le P'tit Velo

Eine nette Bar mit schöner Deko, Außenterrasse und Plastikdach. Letzteres scheint die Bretonen nicht zu stören, die Bar mit abwechslungsreicher Musik – von HipHop über Funk bis zu Rock – ist stets gut besucht. Einmal wöchentlich finden Konzerte statt. Begehrte Cocktails: »Skateboard« (Wodka, schwarze Johannesbeere, Sahne und Limonade) und »Roller« (Tequila, Grenadine und Limonade).

8, place Saint-Michel

EINKAUFEN

Idealer Ausgangspunkt für einen Einkaufsbummel ist der Rathausplatz in der Fußgängerzone (Metro: République). In den angrenzenden Straßen Orléans, Estrées, Le Bastard, La Motte Fablet, Toulouse, La Fayette und Nationale locken Markenanbieter. In den Fachwerkhäusern der Altstadt haben sich hingegen auch nette, kleine Boutiquen niedergelassen, wie auf der Place des Lices oder den Straßen Saint-Georges, La Monnaie, Montfort und Chapitre.

🕐 Fahren Sie im Juni zum Shoppen nach Rennes, dann gibt es den großen Schlussverkauf »Grande Braderie«.

KULINARISCHES

20 Boulangerie Pâtisserie Coupel

In der Fußgängerzone hinter der Hauptpost liegt eine der besten Konditoreien von Rennes. Sie bietet eine große Auswahl an Kuchen, Pralinen, Trüffeln und verschiedene Brotsorten. Besonders gut: die »macarons« mit gesalzener Karamellbutter oder mit frischen Himbeeren. Und unbedingt die preisgekrönten »tartes aux pommes« probieren!

21, rue Saint-Hélier | Tel. 02 99 30 70 67 | www.boulangerie-patisserie-chocolate rie-coupel-rennes.fr | Di–Sa 7–19.30 Uhr

21 Markt

In der Markthalle von 1920, den **Halles Centrales** an der Place Commeurec, werden täglich Lebensmittel, von Fisch und Käse über Gemüse bis hin zu regionalen Spezialitäten wie gesalzener Butter oder »foie gras«, verkauft.

Place Honoré Commeurec | www. les-halles-liberte.fr | tgl. 8–19.30, So, feiertags 8.30–12.30 Uhr

Zu Sträußen gebundene Knoblauchknollen und frische Kräuter an einem Marktstand in Rennes (▶ S. 66). Feinschmecker sind voll des Lobes für die aromatischen Produkte der Region.

22 Wochenmarkt

In und um die Markthallen, die Jean-Baptiste Martenot im Jahr 1869 nach dem Vorbild des Architekten Baltard entwarf, bieten jeden Samstagmorgen über 350 Händler frisches Obst, Fisch, Meeresfrüchte, Fleisch, Wurst- und Käsespezialitäten, aber auch Blumen in Hülle und Fülle an. Ein Großteil der Produkte auf dem zweitgrößten Wochenmarkt Frankreichs wird biologisch angebaut. Unbedingt probieren: die »galette saucisse« – die in eine »galette« gerollte Wurst. Damit schlendert der Bretone dann gemütlich über den Markt. Eine alte Tradition in Rennes!

🕐 Am besten, Sie kommen bereits früh am Morgen, wenn der große Ansturm noch aussteht und Sie sich in Ruhe mit den Händlern unterhalten können.
Place des Lices | jeden Samstagmorgen

MODE

23 Galeries Lafayette

Hier finden Sie so ziemlich alles, von verschiedenen exklusiven Kosmetikmarken über Damenbekleidung bis hin zur Inneneinrichtung. Exklusiv bietet das Kaufhaus auch einen Personal Shopper an – ein persönlicher Berater zur Entscheidungsfindung für den Anzug oder das schicke Abendkleid.
2, rue de Rohan | Tel. 02 99 78 49 49 | www.galerieslafayette.com | Mo–Sa 9–19.30 Uhr

KUNST UND KUNSTHANDWERK

24 Mint ▶ S. 41

KULTUR UND UNTERHALTUNG

In der Rue Saint-Michel, in der Gasse zwischen der Place des Lices und der Place Sainte-Anne, finden sich viele Studentenkneipen, Bars und Discos. Bis tief in die Nacht treffen sich hier die Nachtschwärmer.

KINO

25 Ciné TNB 🧍

Das Programm des Filmpalasts im Nationaltheater ist alternativ geprägt, es werden viele europäische Kurzfilmen sowie Originalstreifen mit französischen Untertiteln gezeigt.
1, rue Saint-Hélier | Tel. 08 92 68 00 39 | www.t-n-b.fr/cinema | Eintritt 8 €, erm. 6,50 €

THEATER

26 Péniche Spectacle »L'Arbre d'Eau« und »La Dame Blanche«

Eine interessante Alternative zum klassischen Theater. Auf dem zur Bühne umgebauten Lastkahn finden Musikveranstaltungen (u.a. Kabarett, Jazz, Weltmusik, Samba), aber auch Lesungen von Prosa und Erzählungen, Theaterlehrgänge und Workshops statt. Auf dem ungewöhnlichen Hausboot treten regionale Künstler wie auch internationale Größen auf.
30, quai Saint-Cyr | Tel. 02 99 59 35 38 | www.penichespectacle.com

27 Théâtre National de Bretagne (TNB)

Theater und Tanz, wechselndes Programm, u.a. sind Stücke von William Shakespeare, aber auch modernere Inszenierungen zu sehen. Dem Centre Européen de Production Théâtre et Chorégraphique ist auch eine Theaterschule angegliedert.
1, rue Saint-Hélier | Tel. 02 99 31 12 31 | www.t-n-b.fr | Eintritt ca. 25 €, Kinder ca. 12,50 €

Auf einer Lichtung im Zentrum des legendenumwobenen Waldes von Brocéliande spiegelt sich die bereits im 7. Jh. gegründete Abtei Notre-Dame im Wasser des Sees von Paimpont (▶ S. 69).

SERVICE

AUSKUNFT

Office de Tourisme et des Congrès de Rennes Métropole

Das Fremdenverkehrsamt hält vielfältige Informationen über die gesamte Bretagne bereit, vor allem aber über das Département Ille-et-Vilaine. Zudem organisiert es thematische Stadtführungen in deutscher Sprache, es gibt mehrsprachiges Personal.

11, rue Saint-Yves | Kapelle Saint-Yves in der westl. Altstadt | Tel. 02 99 67 11 11 | www.tourisme-rennes.com

FUNDBÜRO

Das Büro befindet sich beim Busdepot im Osten von Rennes, am südlichen Vilaine-Ufer.

16, rue Jean Marie Huchet | Tel. 02 23 62 18 72

VERKEHR

Bootsverleih

Die Agentur urbaVag vermietet Elektroboote an Interessierte (ohne Bootsführerschein) stundenweise, halb- oder ganztags. Mit dem Boot (5- oder 7-sitzig) kann man auf der Vilaine bzw. dem Ille-Rance-Kanal die Stadt erkunden. Kommentierte Bootsführungen möglich, Infos unter Tel. 02 99 67 11 08.

Rue du Canal Saint-Martin | Tel. 02 99 33 16 88 | Mitte April–Mitte Okt.

Bus

Es bestehen flächendeckende Verbindungen zu allen Nahzielen (z. B. Paimpont, Châteaubriant, Dinan, Ploërmel, Loudéac, Fougères, Vitré, Dol, La Guerche), zu den größeren Städten (Brest, Saint-Brieuc, Vannes etc.) und zu den Küsten- und Urlaubsorten im

Süden (La Baule, Carnac, Quiberon) und im Norden (Saint-Malo/Dinard, Mont-Saint-Michel). Sonn- und feiertags sind die Fahrpläne stark reduziert.

Der Busbahnhof liegt direkt neben dem Hauptbahnhof | Informationen: 16, place de la gare | Tel. 08 10 35 10 35

Fahrradverleih

Cycles Guédard bietet neben normalen Fahrrädern wie Mountainbikes oder Citrädern auch Elektro-Bikes.

13, boulevard Beaumont | Tel. 02 99 30 43 78 | www.cycles-guedard.com

Métro

Die Stadt verfügt über eine Metrolinie, die tagsüber alle 3 bis 5 Minuten den Nordwesten der Stadt mit dem Südosten verbindet – 8,6 km in 16 Minuten. 2014 wurde mit dem Bau der zweiten Linie begonnen, sie ist voraussichtlich im Jahr 2018 fertig.

Parken

Über 10 000 Stellplätze wurden in den letzten Jahren eingerichtet. Trotzdem kann es im Berufsverkehr voll werden. Die größeren Parkplätze in der Innenstadt sind entlang des Vilaine-Ufers zu finden, sie sind gebührenpflichtig und für Wohnwagen und -mobile gesperrt. Weitere kostenpflichtige Parkplätze gibt es in der ganzen Altstadt.

Stadtbusse

Das öffentliche Verkehrsnetz ist mit 19 Stadtlinien, noch mehr Vorstadtverbindungen und einigen Nachtbussen gut ausgebaut. Stadtbusse verkehren im 5- bis 20-Minuten-Takt von 6.30–20.30 Uhr, Nachtservice bis 23.30 Uhr.

Fahrplan beim Office de Tourisme

Taxi

Taxis können unter Tel. 02 99 30 79 79 bestellt werden.

Ziele in der Umgebung

◎ LA GUERCHE-DE-BRETAGNE 🚩 J 4

4300 Einwohner

Der kleine Ort – im 16. Jh. ein blühendes Handelsstädtchen – verzückt mit seinen Arkadenhäuschen am Marktplatz. Hier und an der Place de Gaulle zeugen die alten, dicht an dicht gesetzten und auf Pfeilern gebauten Fachwerkhäuser vom früheren Wohlstand. Das Erdgeschoss bilden teilweise hübsche, romantische Arkadengalerien.

40 km südöstl. von Rennes

EINKAUFEN

Wochenmarkt

Jeden Dienstagvormittag kommen seit dem Jahr 1121, mit nur wenigen Unterbrechungen, über 200 Händler mit ihren Lieferwagen und mobilen Ständen auf dem Marktplatz zusammen. Eine schöne und typisch bretonische Atmosphäre, der Besuch lohnt sich!

Marktplatz

◎ PAIMPONT 🚩 G 4

1600 Einwohner

Kleine Schieferhäuschen, eine Abtei, ein kleiner See – an einer Lichtung in der Brocéliande befindet sich der Hauptort dieses größten Waldgebiets der Bretagne und strahlt viel Ruhe in einer romantischen Umgebung aus. Der sagenumwobene Wald war einst Schauplatz von Kämpfen und Abenteuern von König Artus und seinen Rittern. König Judicaël, der damalige Herrscher über die nördliche Bretagne, gründete im 7. Jh.

die erste Abtei, um die sich das Dorf ansiedelte. Der »Circuit de Brocéliande« eignet sich gut für längere Wanderungen, aber auch einfache Spaziergänge.

35 km westl. von Rennes

ÜBERNACHTEN

Relais de Brocéliande 👫

Jagd-Ambiente – Ein hübsches Haus mit Natursteinfassade gegenüber dem Stadttor. Es verfügt über einen kleinen Spa-Bereich mit Hamam, Sauna und Jacuzzi und ein exzellentes Restaurant unter Chefkoch Jean-Luc Samson. In den großen Speisesälen herrscht eine gehobene Belle-Époque-Atmosphäre. Die großzügigen, sauberen Zimmer wurden kürzlich renoviert. Der dazugehörige Reitstall bietet Unterricht und Ausritte in den Zauberwald an.

5, rue des Forges | Tel. 02 99 07 84 94 | www.relais-de-broceliande.fr | 24 Zimmer | ♿ | €€

ESSEN UND TRINKEN

La Fée Gourmande 👫

Regionale Küche – Die Crêperie in dem traditionellen Natursteinhaus serviert die typisch bretonischen »galettes« und Crêpes, ebenso den Kuchen »Kouign amann«, eine Art mehrschichtige Crêpe mit Brioche. Im Sommer stehen im Garten kleine Tische – sehr gemütlich.

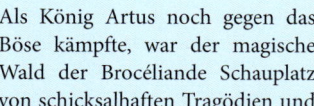

Auf den Spuren des sagenhaften König Artus ①

Als König Artus noch gegen das Böse kämpfte, war der magische Wald der Brocéliande Schauplatz von schicksalhaften Tragödien und todbringenden Schlachten (▶ S. 12).

16, avenue du Chevalier Ponthus | Tel. 02 99 07 89 63 | www.creperie-la-fee-gourmande-paimpont.fr | im Sommer tgl., sonst nur Fr–So

SERVICE

AUSKUNFT

Office de Tourisme de Brocéliande

Das Büro organisiert geführte Wanderungen zu den Highlights des Waldes.

Place du Roi Judicaël | Tel. 02 99 07 84 23 | www.tourisme-broceliande.com

◎ PLOËRMEL G4

9000 Einwohner

Eine kleine, gemütliche Kleinstadt mit dem netten Badesee Lac au Duc, in der die Zeit etwas anders tickt als sonstwo. Wenn 40 Generationen der Vergangenheit angehören, hat der weiße Zeiger der **Astronomischen Uhr** in Ploërmel gerade einmal eine Umdrehung vollzogen. Das Wunderwerk aus Zahnrädern, Gewichten, Schrauben und Stäben steht im frei zugänglichen Innenhof des Institut Lamennais.

Die gotische Kirche **Saint-Armel** fasziniert vor allem durch das Nordportal mit seinen aus Granit gemeißelten Skulpturen und Ornamenten und die liebevoll restaurierten Fenster aus dem 16. Jh. Sie erzählen das Leben des Kirchenpatrons Saint-Armel.

69 km westl. von Rennes

ÜBERNACHTEN

Le Roi Arthur ▶ S. 24

EINKAUFEN

WOHNEN

La petite fabric

Die sympathische Ghislaine hat in ihrem kleinen Laden so allerlei für die

Auf einer Anhöhe wacht das mittelalterliche Schloss über das Bilderbuchstädtchen Vitré (▶ MERIAN TopTen, S. 72) mit seinen schön renovierten Fachwerkhäusern.

Inneneinrichtung im Sortiment: etwa handgemachte Lampen und Kissen oder dekorative Stoffe am Meter, aber auch Geschenkartikel wie beispielsweise kunstvoll gezeichnete Karten von Gaëlle Boisonnard. Für Liebhaber der nähenden Kunst bietet sie Kurse an.
16, place Lamennais | Tel. 09 53 36 88 92 | www.lapetitefabric.com | Di–Sa 10–18.30 Uhr

SERVICE

Office de Tourisme Ploërmel
5, rue du Val | Tel. 02 97 74 02 70 | www.tourisme-ploermel.com

◎ LA ROCHE-AUX-FÉES   ⚑ J 4

Dieses auf einem Hügel unter Bäumen gelegene Ganggrab (»allée couverte«) ist mit über 40 t schweren Steinen aus rötlichem Schiefer bedeckt. Es ist das bedeutendste Megalithbauwerk der östlichen Bretagne und soll der Legende nach von Feen errichtet worden sein. Nach altem Brauch erfahren zukünftige Hochzeitspaare hier, ob sie zum Traualtar schreiten sollen oder nicht.
Über die D 163 Richtung Châteaubriant, vor Corps-Nuds auf die D 41, weiter zum Dolmen La Roche-aux-Fées
30 km südl. von Rennes

◎ **VITRÉ** 　　　🔷 J 4

17 000 Einwohner

Einer der architektonischen Höhepunkte der Bretagne: Kaum ein anderer Ort ist so gut erhalten wie die von einem gewaltigen Mauerkonstrukt umgebene Altstadt von Vitré. Im Westen wird die Ville Close vom Schloss dominiert – im Mittelalter eine der bedeutendsten Grenzfesten des Herzogtums der Bretagne. Vitré war jahrhundertelang eine wichtige Handels- und Handwerkerstadt für Leintuch und Webwaren und gelangte so ab dem 15. Jh. zu beträchtlichem Wohlstand. Die imposanten Häuser der Rue d'En-Bas wurden zu dieser Zeit von Überseehändlern erbaut.

Unbedingt sehenswert ist das **Château des Rochers Sévigné**, ein Prachtwerk der mittelalterlichen Militärarchitektur. Ebenso interessant die monumentale **Église Notre-Dame**, die mit ihren spitzen Giebeln die umliegenden Fachwerkhäuser stolz überragt. Dort, wo früher die Ledermacher in kleinen Werkstätten arbeiteten, sind heute Restaurants und Kunsthandwerker eingezogen.

47 km östl. von Rennes

SEHENSWERTES

Musée du Château

Der Ende des 11. Jh. errichtete Ursprungsbau war eine simple romanische Festung auf einem Felshang über der Vilaine. Die Burg wurde nach zwei Jahrhunderten abgerissen und Mitte des 13. Jh. neu errichtet und stetig erweitert. Heute führt in dem Paradeexemplar mittelalterlicher Militärarchitektur eine schwere Zugbrücke durch einen von zwei Türmen bewachten Torbau in den Innenhof mit einem großen Brunnen. Sieben Türme stehen im Mauerwall. Ein Teil des Schlosses beherbergt heute ein Museum, besonders sehenswert und kurios: die Tour de l'Argenterie – ein Turm, in dem seit 1989 das städtische Kuriositätenkabinett untergebracht ist. Die Sammlung verrückter Objekte des Natur- und Heimatkundlers Ambroise Morel ist aber nichts für Besucher mit schwachen Nerven. Neben Insekten, Vögeln und Muscheln tanzen in einer Vitrine beispielsweise ausgestopfte Frösche eine Polonaise und stellen Szenen aus dem Alltag der Aristokraten dar.

Château | April–Sept. tgl. 10.30–12.30, 14–18, Okt.–März 10.30–12.15, 14–17.30 Uhr, Di und So Vormittag geschl. | Eintritt 4 €, das Ticket berechtigt auch zum Besuch des Musée Saint-Nicolas und des Château des Rochers Sévigné

ÜBERNACHTEN

Château des Tesnières ▶ S. 24

ESSEN UND TRINKEN

Auberge Le Saint-Louis 👥

Große Auswahl – Gute Küche zu moderaten Preisen und schickes Interieur mit weißen Tischdecken und dunklen holzvertäfelten Wänden. In den Sommermonaten stehen draußen Tische unter den alten Arkaden. Besonders zu empfehlen: die Entenbeinchen, Jakobsmuscheln und die Desserts.

31, rue Notre-Dame | Tel. 02 99 75 28 28 | www.aubergesaintlouis.fr | außerhalb der Saison So abends und Mo geschl. | €

SERVICE

AUSKUNFT

Office de Tourisme Vitré

Place Général de Gaulle | Tel. 02 99 75 04 46 | www.ot-vitre.fr

Im Fokus
Land der Legenden

Im Mittelalter war das Landesinnere der Bretagne von einem riesigen Waldgebiet bedeckt. Der Zauberwald von Brocéliande ist der Legende nach die Heimat der Artus-Sage. Das Centre de l'Imaginaire Arthurien lässt diese Mythen wieder lebendig werden.

Im Zauberwald von Brocéliande soll König Artus gemeinsam mit den Rittern seiner Tafelrunde viele Abenteuer gemeistert und nach dem »Heiligen Gral« gesucht haben, den er in den Wäldern der »Kleinen Bretagne« vermutete. Das Zentrum des »Arturischen Imaginären« befasst sich seit 1988 mit diesen Legenden im Château de Comper in der Nähe des Ortes Concoret und den umliegenden Waldgebieten.

DER MAGIER MERLIN UND DER KRISTALLPALAST

Der Nebel zieht langsam und mystisch über den großen Teich von Viviane, zwischen den Nebelschwaden spiegelt sich anmutig das Château de Comper in dem Weiher. »Hier lebte auch die Fee Viviane«, weiß Nicolas Mezzalira zu erzählen. »Zauberer Merlin verliebte sich einst an der Quelle von Barenton in die blonde Tochter des reichen Schlossherrn und zauberte ihr eine eigene Zitadelle aus Kristall.« Sie soll sich der Legende nach direkt unter dem Weiher befinden, so der Direktor des Centre de

◀ Sanftes Morgenlicht durchdringt die Wipfel
des Zauberwalds von Brocéliande (▶ S. 74).

l'Imaginaire Arthurien. Der Magier versteckte den prachtvollen Kristall-palast, sodass er nicht durch menschliche Blicke gestört werden würde. Wenn der 36-Jährige von König Artus, Viviane, dem Magier Merlin und all den anderen Sagen und Legenden erzählt, leuchten seine Augen hinter der runden Brille auf, und man merkt ihm die persönliche Freude an dieser mystischen Welt rasch an.

Inzwischen hat das Kulturzentrum das Schloss von Comper in den Sommermonaten übernommen – und lässt dort Artus sowie Tristan und Isolde für Besucher wieder lebendig werden. Es werden Führungen und Ausstellungen organisiert, man tummelt sich auf mittelalterlichen Handwerkermärkten oder besucht Zauberschulen, vor allem aber lauscht man Geschichten- und Legendenerzählungen im Zauberwald von Brocéliande.

DIE BEKANNTESTEN GESCHICHTEN DER WELT

»Wir befördern die Schönheit in die Welt hinaus«, ist sich Nicolas sicher. Kinder würden ihre ganz eigenen Vorstellungen beim Zuhören entwickeln, »das Gehirn arbeitet, wenn du eine Legende hörst«. Dennoch ist es natürlich ein immerwährender Kampf gegen das Fernsehen mit all seinen Fantasy- und Ritterfilmen, das muss auch er zugeben.

Doch der Bretone und sein Team ziehen nicht nur kleine Zuhörer in ihren Bann, auch Erwachsene besuchen gerne das Schloss, Merlins 500 Jahre alte Eiche direkt davor oder die Wunderquelle von Barenton – und lauschen den uralten Legenden, die seit über 1500 Jahren vielleicht die »bekanntesten Geschichten in der Welt« darstellen. Ihren Ursprung finden sie in der keltischen Mythologie, die eine fantasievolle Parallelwelt aufzeigt. Auch nach ihrer Bekehrung zum Christentum gab die keltische Bevölkerung ihre überlieferten Erzählungen keineswegs auf.

Der Wald ist dabei nach wie vor der wichtigste Ort in den Legenden, aber auch generell in europäischen Märchen. »So ist für viele Menschen der Wald die Heimat von Elfen, Kobolden, Zauberern und Gnomen«, sagt Nicolas. Da spiele es keine große Rolle, ob der Zauberwald von Brocéliande damals wirklich südlich von Concoret lag oder nicht. »Den Wald trägt jeder in sich, der von Märchen und Mythen fasziniert ist.«

Die Brocéliande bedeckte früher fast die gesamte innere Bretagne und ist heutzutage mit über 7000 ha noch immer der größte Wald in der Region. Wie zu Artus' Zeiten wächst hüfthoher Farn unter Buchen, Kastanien und Eichen, ebenso gedeihen Efeu und Fingerhut in dem mit Quellen und geheimnisvollen Teichen überzogenen Laubwald. »Ein Ort zum Träumen und Eintauchen in die Welt von König Artus und seinen Rittern«, findet Legenden-Fan Nicolas (▶ S. 12).

DAS »TAL OHNE WIEDERKEHR«

Unter dem unendlichen Blätterdach des Zauberwalds – in der Nähe von Tréhorenteuc – liegt das »Val sans Retour«, das Tal ohne Wiederkehr. Hier rächte sich, so die Legende, die enttäuschte Fee Morgane, eine Halbschwester von König Artus, an ihren untreuen Liebhabern. Sie ließ das Tal von einem Drachen bewachen, der Männer mit einer Vorliebe für Seitensprünge für immer hier gefangen halten sollte. Erst Sir Lancelot, einer der Ritter der Tafelrunde und ein edler Herr, der noch nie an eine andere Frau gedacht hatte als an Guinevra, Gattin seines Königs, konnte den Drachen besiegen und so die 40 Blaublüter befreien.

Ein 4 km langer Wanderweg führt heute durch das enge Schiefertal vorbei an Seen, die so eigenwillige Namen wie »Feen-Spiegel« oder »Wildschweinpfütze« tragen, bis hoch auf einen kleinen Hügel mit Blick über das idyllische Tal. Mitten im dunklen Wald erhebt sich der glänzende Goldene Baum zwischen verkohlten Stämmen, ein vergoldeter Baumstumpf des Künstlers François Davin. Er soll die Wiedergeburt des Ortes symbolisieren: Im Jahr 1990 wütete ein großer Brand in dem Wald und zerstörte einen großen Teil des Tals.

DIE VERSUNKENE STADT

Unter der glitzernden Meeresoberfläche in der Bucht von Douarnenez liegt einer weiteren Legende zufolge die versunkene Stadt Ys. Einst soll die mächtige Stadt ganz Gallien beherrscht haben. Viele Deiche und Tore schützten sie vor den Fluten des Ozeans. Ihr herzensguter König Gradlon war Witwer und verwöhnte seine einzige Tochter Dahut so sehr, dass sie keine Regeln kannte – und sich eines Tages sogar in den Teufel verliebte. Dieser überredete Dahut, die Schlüssel für die Tore der Stadt von ihrem Vater zu stehlen. Bald darauf flutete er den ganzen Ort – und Ys versank im Meer. König Gradlon war jedoch von Saint Guénolé, einem der 7777 Heiligen der Bretagne, gewarnt worden und konnte gerade noch rechtzeitig mit seiner Tochter aus der Stadt reiten. Der hl. Guénolé befahl dem König, seine Tochter, die an allem schuld war, in der Stadt zurückzulassen oder dort gemeinsam mit ihr unterzugehen. Gradlon fügte sich und ließ seine Tochter zurück. Der Legende nach lebt Dahut seitdem als Meerjungfrau allein in der versunkenen Stadt. Fischer hören sie manchmal singen oder die Glocken des Kirchturms läuten. Der Ort, an dem der König seine Tochter zurückließ, wird heute noch im Bretonischen »Poul Dahut«, die Hölle der Dahut, genannt.

TRISTAN UND ISOLDE

Auch die mittelalterliche Erzählung von Tristan und Isolde soll ihre Wurzeln in der Bretagne haben: Eines Tages wird Tristan, der Prinz von Léon – einer kleinen Region im Westen – von seinem Onkel Marke, König der bretonischen Cornouaille, nach Irland geschickt, um dort in dessen Auftrag um die Hand der schönen Isolde anzuhalten und sie als dessen zukünftige Braut abzuholen. Auf dem Schiff zurück in die Bretagne naschen Tristan und Isolde von dem Liebestrank, der eigentlich für König Marke und Isolde bestimmt war. Fortan leben sie ihre Liebe heimlich aus, bis sie der König eines Nachts entdeckt. Über das Ende der Sage und den Tod der beiden gibt es verschiedene Versionen. In einer Variante sollen beide an der Landspitze von Penmarc'h im Südwesten der Cornouaille im Meer gestorben sein. Heute steht dort der Leuchtturm von Eckmühl. Bei Sonnenuntergang ist der Blick über den Atlantik bis zu den Glénan-Inseln und der Île de Sein wahrlich märchenhaft.

INFORMATIONEN

Centre de l'Imaginaire Arthurien 👫 ⚑ G 4

Das Artuszentrum bietet neben mehreren Ausstellungen, Ritterfestivals und mittelalterlichen Märkten vor allem Führungen durch die Forêt de Brocéliande mit Aufenthalten im Château de Comper, im »Val sans Retour« (Tal ohne Wiederkehr), beim Feen-Felsen, der 1000 Jahre alten Eiche und in dem kleinsten Dorf der Bretagne, Tréhorenteuc, und seiner geheimnisvollen Kapelle. Die Gäste lernen viele Legenden und Mythen über König Artus kennen, die lebendig und packend von Führern vorgetragen werden. Concoret | Château de Comper | Tel. 0297227996 | www.centre-arthurien-broceliande.com | Führungen März–Sept. – Château de Comper | März–Okt. 1,5 Std. Führung 110 €, Halbtagestour 150 €, Tagestour 210 €

Petite Maison des Légendes 👫 ⚑ G 4

Ein kleiner Buchladen, der aber mit einer großen Auswahl an Literatur zu den Legenden, Mythen und Geschichten rund um Zauberer Merlin, die Fee Viviane, Tristan und Isolde Groß und Klein seit 2012 sehr gut zu informieren weiß. Der Shop verfügt auch über interessante Bildbände zu der mystischen Welt. Einige Bücher sind sogar auf Deutsch vorrätig. Zudem gibt es Ausstellungen und Animationen. Concoret | 14, place du Pâtis Vert | Nov.–Feb. geschl.

DER NORDEN

*Raue felsige Küsten, lange weiße Sandstrände und
lebendige Badeorte repräsentieren den Norden der Bretagne.
Die Felsformationen der Côte de Granit Rose gehören zu den
Höhepunkten einer Reise in diese sympathische Gegend.*

Gelber Ginster und wilde Brombeersträucher wachsen auf dem kargen
Heideland, und dazwischen türmen sich im Sonnenuntergang rosa glühende Granitfelsen zu einer spektakulären Landschaft – die **Côte de Granit Rose** **2** ist einfach faszinierend. Der Tourismus konzentriert sich an
diesem Küstenabschnitt mit seinem Gezeitenunterschied von bis zu 14 m
auf die Halbinsel im Westen. Die Städtchen Ploumanac'h und Trégastel
wetteifern um die schönsten Granitformationen.

KALVARIENBERGE UND MEGALITHGRÄBER

Der berühmte, 7 km lange Wanderweg »Sentier des douaniers« verbindet
die Küstenorte miteinander. In der Region gedeihen auch Artischocken,
die die Bretonen nach wie vor in mühevoller Handarbeit ernten. Interessante Sehenswürdigkeiten sind die nahe der Küste gelegenen Kalvarien-

◀ Das Département Côtes-d'Armor bietet zahlreiche familienfreundliche Sandstrände.

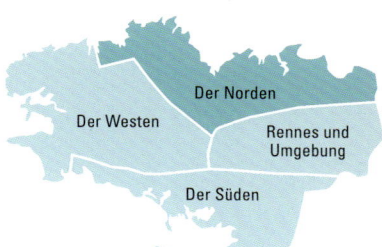

berge und das älteste Megalithgrab Europas, das Cairn de Barnenez. Der imposante Klosterberg **Mont-Saint-Michel** ragt gleich am Eingang zur Bretagne aus der Bucht heraus. Seitdem der Grenzfluss Couesnon um die Felseninsel fließt, gehört der Klosterkomplex offiziell zur Normandie. Gleich gegenüber liegt **Cancale**, ein kleiner Fischerort, dessen exzellente Austern ihn weltweit bekannt machten. Hier beginnt auch die 120 km lange **Côte d'Émeraude** mit ihren zerklüfteten Kaps, weiten Buchten und feinsandigen Stränden. Einige Fischerorte im Norden wurden über die Jahre zu beliebten Urlaubszentren, doch von Hotelhochburgen wie z.B. in Südfrankreich blieb die Küste bisher verschont. Charmante Städte wie **Dinan** oder **Saint-Malo** sind bis heute von gewaltigen Festungsmauern umgeben. Im östlichen Inland locken mächtige Burgen und große Wälder.

⭐ SAINT-MALO  G 2

Stadtplan ▶ S. 81
48 000 Einwohner

Saint-Malo bietet optimale Bedingungen für Urlauber, die länger an einem Ort bleiben wollen: attraktive Badestrände, ein interessantes Städtchen mit guter Gastronomie und eine Menge Ausflugsziele in unmittelbarer Nähe. Die Korsarenstadt ist eine authentische Rekonstruktion der gegen Ende des Zweiten Weltkriegs zu 80 % zerstörten Ville Close. In der Hauptsaison schlendern die Urlauber durch die verwinkelten Gassen dieses auf einer Halbinsel gelegenen Viertels und sind auf den Spuren der Entdecker unterwegs. Historische Holzfachwerkhäuser finden Besucher noch in der Rue du Pélicot vor. Saint-Malo war zwischen dem 16. und 19. Jh. eine wohlhabende Handelsstadt. Die Bürger hatten einen Ruf als gefürchtete Seeräuber, noch heute begegnen diese den Gästen an jeder Ecke, auf Postkarten, in Pubs und Restaurants. Neben Kaperprofis erblickten in der stolzen Stadt einige berühmte Franzosen das Licht der Welt: Jacques Cartier entdeckte 1534 Kanada, François-René Châteaubriand war zu seinen Lebzei-

Frühmorgens auf dem Stadtwall in Saint-Malo

In Höhe der Fensterfronten können Gäste etwa 2 km rund um die Ville Close laufen und bekommen so eine gute Übersicht über die wunderbar restaurierte Korsarenstadt (▶ S. 12).

ten der bekannteste französische Literat. Das beliebte Fleischgericht war übrigens seine Leibspeise, sie wurde von seinem Koch erfunden.

SEHENSWERTES

1 Cathédrale Saint-Vincent

In der überwiegend nach dem Original rekonstruierten mächtigen Kirche ruhen die Gebeine berühmter »Malouins«, wie die Bewohner von Saint-Malo sich stolz nennen, darunter auch der Seefahrer Jacques Cartier.
Place de Châtillon

Grand Aquarium ▶ S. 81, südöstl. c 4

Im außergewöhnlichen Rundaquarium können Gäste wie im 360-Grad-Kino Haie und Tiefseefische aus nächster Nähe beobachten.
Avenue du Général Patton | www.aquarium-st-malo.com | Juli, Aug. 9.30–22, April–Juni, Sept. 10–19 Uhr, sonst kürzer | Eintritt 16 €, Kinder 12 €

MUSEEN UND GALERIEN

2 Musée de Saint-Malo

Im früheren Wohnturm des Gouverneurs wird die Stadtgeschichte dokumentiert. Auf vier Etagen zeigen bunt gemischte, teils skurrile Exponate die Aktivitäten Saint-Malos auf den Ozeanen. Eine bewegte, spannende Historie.
Place Châteaubriand | Di–So 10–12, 14–18 Uhr, Okt.–März feiertags geschl. | Eintritt 6 €

ÜBERNACHTEN

Le Grand Hôtel des Thermes ▶ S. 24

3 Hôtel Elizabeth

Im Zentrum – Ein nettes, stilvoll renoviertes Hotel, Kunstepochen von Ludwig XIII. bis XV. sind vertreten. Die Zimmer sind sauber, aber nicht zu geräumig. Das Frühstücksbüfett wird unter alten Holzbalken im Keller serviert.
2, rue Cordier | Tel. 02 99 56 24 98 | www.saintmalo-hotel-elizabeth.com | 17 Zimmer | ♿ | €€

Kyriad Prestige ⚑ ▶ S. 81, südöstl. c 4

Günstig und einfach – Das neue, eher nüchtern gehaltene Hotel liegt etwas außerhalb, verfügt aber über eine gute Busanbindung in die Ville Close von Saint-Malo. Es ist ca. 10 km von Dinard entfernt. Für sportbewusste Gäste bietet es einen Swimmingpool sowie ein Fitnesscenter. Die Zimmer sind sauber und schlicht-modern eingerichtet.
4, rue de la Guymauviere | Tel. 02 99 20 30 30 | www.kyriad.com | 71 Zimmer | ♿ | €€

ESSEN UND TRINKEN

RESTAURANTS

4 L'Absinthe ▶ S. 28

5 Coquille d'Œuf

Kreative Küche – Schon das Schaufenster des kleinen Restaurants erweckt Neugierde. Der kreativen Inneneinrichtung entspricht die innovative Cuisine. Besonders gut z. B. die Crème brûlée von der »foie gras« oder Steinbuttfilet mit Zitrusfrüchten und Linsen. Unbedingt im Voraus reservieren!
20, rue de la Côme de Cerf | Tel. 02 99 40 92 62 | nur abends geöffnet | €€

CAFÉS

6 Cargo Culte – Café Brocante ⚑

In Saint-Malo hat dieses sogenannte »Flohmarkt-Café« zur Jahresmitte 2014 eröffnet. Die komplette Einrichtung

St-Malo ⭐ 3
(Ville Close)

0   150 m

Fort National

Plage de l'Eventail

Château de la Duchesse Anne

Porte St-Thomas

Fort à la Reine

Aquarium et Exotarium

Hôtel de Ville

Place Vauban

Musée de St-Malo
Pl. St-Malo

Maison Int. des Poètes

Rue Châteaubriand

Châteaubriand

Rue St-Thomas

Porte St-Vincent

Ecole Nationale de la Marine Marchande

Tour Bidouane

Rue du Château Gaillard

Rue de la Victoire

R. Manet

R. St-Benoist

Rue Broussais Molier

R. du Gras

Rue Garangeau

Place Guy-la-Chambre

Palais de Justice

Statue de Robert Surcouf

Porte des Champs-Vauverts

Théâtre Châteaubriand

R. des Champs Vauverts

R. Ste-Anne

Pl. St-Aaron

Enclos de la Résistance

R. d. Frères Cotterel

Rue St-Vincent

Chaussée Eric Tabarly

Rochers Sculptés, Manoir de Jacques Cartier

Halle aux Poissons

Police

Pl. Gasnier Duparc

Cathédrale St-Vincent

Pl. J. de Châtillon

Rue de la Crosse

Rue St-Barbe

R. des Merciers

Grande Porte

Porte des Bés, Tour Notre-Dame

Pl. des Frères Lamennais

Rue du Boyer

R. Goin de Beauch

Pl. du Pilori

R. Porcon-de-la-Barbinais

Rue de la Boucherie

Place du Poids du Roi

Quai St-Vincent

R. des Marins

Grande-Rue

Bassin Vauban

R. du Puits-aux-Braies

R. des Petits Degrés

Rue des Gr. Degrés

R. Vincent de Gournay

Pl. aux Herbes

R. de Toulouse

Plage de Bon Secours

Le Placitre

Cour de la Découverte

R. de la Herse

R. des Cordiers

Rue de Chartres

Halle aux Blés

Rue Thevenard

Porte St-Pierre

Pl. du Guet

R. de la Pie qui Boit

Marché aux Légumes

R. de l'Orme

Bastion de la Hollande

Rampe de Moulins Colin

Bibliothèque

R. des Forgeurs

Pass. du Cap Horn

Porte St-Louis

Statue de Jacques Cartier

Pl. Sauveur Brevet

R. de la Fosse

Maison de Corsaire

Chapelle St-Sauveur

Rue Vauborel

R. des Vieux Remparts

Rue d'Asfeld

Bastion St-Louis

Poterne d'Estrées

d'Estrées

Librairie du Male

Rue de Dinan

Rue d'Orléans

Statue de René Duguay-Trouin

Plage du Môle

Rue St-Philippe

Quai de Dinan

Porte de Dinan

Esplanade de la Bourse

La Manoir du Cunningham, Grand Aquarium, Gezeitenkraftwerk, Le Valmarin

Bastion St-Philippe

Avant-Port

© MERIAN-Kartographie

Exzentrisch schon der Name, noch mehr die Inneneinrichtung: Der Besitzer des Café du coin d'en bas de la rue du bout de la ville d'en face le port (▶ S. 82) ist ein großer Fan von Puppen.

wie die alten Spiegel, Bilder, Platten, Bücher und Sofas können die Gäste auch erwerben – sogar der Holztisch, an dem das Sandwich oder die Tartes gegessen werden, ist käuflich. Auch die Musik, Jazz und Chansons, ist gut ausgewählt. Mittwochs und sonntags gibt es einen leckeren Brunch, wahlweise auch mit Austern und Champagner.

🕐 Zum Brunchen am Sonntag hingehen, dann herrscht eine sehr angenehme, gemütliche Atmosphäre.
1, rue Broussais | Tel. 02 99 88 08 68 | Di–Do 10–18, Fr, Sa 10–22.30, So 10–16 Uhr | €

KNEIPEN UND BARS

In den zahlreichen Bars, Pubs und Nachtclubs in der Ville Close können sich Nachtschwärmer bis tief in die Morgenstunden amüsieren.

❼ Le café du coin d'en bas de la rue du bout de la ville d'en face le port

Das bereits 1820 eröffnete Bistrot ist eines der 200 ältesten Cafés der Welt. Eine Bar mit Retro-Charme und mit Hunderten von Puppen, viel Schnickschnack und alten Modellsegelschiffen dekoriert. An der Theke sitzt man auf

Schaukeln. Originell! Es werden eine Menge Biersorten ausgeschenkt.

3, rue Saint-Barbe | www.lajavacafe. com | tgl. geöffnet

8 Le Charly's

Eine urige Café-Bar mit Außenterrasse. Cocktail-Tipp: »Americano« (Campari mit rotem Wermut).

1, place du Marché aux Légumes

EINKAUFEN

9 Épices Roellinger ▶ S. 40
10 La Maison du Beurre ▶ S. 40

SERVICE

AUSKUNFT

Office de Tourisme Saint-Malo

Stadtführungen bietet das Büro von Mitte Juni bis Mitte September an, ebenso Tagesfahrten in Ausflugsbooten oder Bussen bis zum Cap Fréhel, östlich bis nach Cancale und ins Hinterland (u. a. nach Dinard oder Fougères).

Esplanade Saint-Vincent (moderner Pavillon) | Tel. 08 25 13 52 00 | www. saint-malo-tourisme.com

Ziele in der Umgebung

◎ **CANCALE** H 2

5500 Einwohner

Das kleine, sympathische Austerndorf hat den Sprung zur touristischen Destination mit Klasse geschafft. Aus Cancale kommen u. a. die »huîtres plates«, eine Sorte, die unter Austernfans besonders geschätzt wird. In den vielen guten Restaurants am Hafenkai sind Meeresfrüchte angesagt. Mit der Ebbe zeigt sich ein interessantes Schauspiel, die Bucht läuft quasi »leer« – und die Boote im Hafen neigen sich zur Seite.

17 km westl. von Saint-Malo

SEHENSWERTES

La Ferme Marine

Die Austernfarm veranstaltet für Interessierte geführte Touren, außerdem erläutert eine kleine Ausstellung die Welt der Muscheln und Schalentiere.

Von Saint-Malo auf der D 355 Richtung Cancale | Tel. 02 99 89 69 99 | www.fer me-marine.com | Eintritt 7 €, Kinder 3,70 €

ÜBERNACHTEN

Cottage Les Rimains ▶ S. 24

ESSEN UND TRINKEN

Au vieux safran

Die Früchte des Meeres – Gemütliches Restaurant direkt unten am Hafen. Es kommen regionale Fischspezialitäten auf den Tisch, besonders schmackhaft: die Austern und die Fischsuppe.

2, quai Gambetta | Tel. 02 99 89 92 42 | Jan. geschl. | €

SERVICE

AUSKUNFT

Office de Tourisme Cancale

44, rue du Port | Tel. 02 99 89 63 72 | www.cancale-tourisme.fr

◎ **DINARD** G 2

9900 Einwohner

Das älteste Seebad der Bretagne mit seinem milden Klima, der geschützten Lage und den schönen Sandstränden entdeckten reiche Briten Mitte des vorletzten Jahrhunderts als Urlaubsparadies und verwandelten es in ein mondänes Städtchen. Aus der Zeit der Belle Époque sind noch einige hübsche Villen erhalten. In den Buchten zwischen der felsigen Küste können Gäste ein großes Sportangebot wahrnehmen.

12 km westl. von Saint-Malo

ÜBERNACHTEN

Grand Hotel Barrière

Luxus pur – Das mondäne Belle-Époque-Gebäude beherbergt ein schönes Grand-Hotel mit viel Luxus. Von den eleganten Zimmern bietet sich entweder ein Blick aufs Meer oder den beheizten Pool. Das Hotel verfügt über ein Restaurant, eine Bar sowie einen Wellnessbereich und Garten.

46, avenue George V | Tel. 02 99 88 26 26 | www.lucienbarriere.com | Mitte April–Mitte Nov. | 90 Zimmer und 8 Suiten | ♿ | €€€€

SERVICE

AUSKUNFT

Office de Tourisme Dinard

2, boulevard Féart | Tel. 02 99 46 94 12 | www.ot-dinard.com

◎ MONT-SAINT-MICHEL  J 2

40 Einwohner

Das Kulturdenkmal erhebt sich kegelförmig 157 m hoch über einer weiten Schlick- und Meerlandschaft. Auch wenn der berühmte Klosterberg schon in der Normandie liegt, sollten ihn Gäste der Bretagne unbedingt besuchen. Da er nur bei extremer Flut vom Meer umspült wird, ist ein Spaziergang über die weiten Wattflächen meist möglich. Die unglaubliche Leistung der Baumeister des Mittelalters wird dem Besucher bei einer Führung verdeutlicht. Auf einem Granitblock errichteten romanische und gotische Baumeister einen Kloster- und Burgkomplex, dessen Silhouette für den Betrachter ein einzigartiges optisches Erlebnis ist. Der Straßendamm wird 2015 abgerissen, seit 2014 gibt es dafür eine neue filigrane Stelzenbrücke.

Infos zu Führungen: Tel. 02 33 89 80 00 | www.ot-montsaintmichel.com | Eintritt 9 €, Kinder frei
33 km östl. von Saint-Malo

⭐ DINAN  G 2/3

Stadtplan ▶ S. 85
11 000 Einwohner

Die ideale Lage auf einem Felsplateau etwa 75 m über der Rance, die perfekt erhaltene, mächtige Stadtmauer mit ihren 16 Wehrtürmen und die vielen hübschen Fachwerkhäuser mit ihren Torbögen in verwinkelten Gassen – das im 11. Jh. gegründete Dinan zählt zweifellos zu den schönsten mittelalterlichen Städten der Bretagne und ist ein nationales Kulturdenkmal.

Ab dem 12. Jh. ließen sich Kaufleute und Handwerker in der Stadt nieder, die für ihre großen Jahrmärkte bekannt war und überregionale Bedeutung erlangte. Dem Feldherrn Bertrand du Guesclin (1320–1380) ist es zu verdanken, dass Dinan 1359 nicht zum zweiten Mal von den Engländern besiegt und eingenommen wurde. Über seinen Namen stolpern Gäste in der Region immer wieder, sei es in Hotelbezeichnungen oder auf Straßenschildern.

Während der wirtschaftlichen Blüte im 15. Jh. lief die Textilindustrie mit Tuch und Lederwaren auch in Dinan besonders gut. Jedoch kam mit der Industrialisierung die wirtschaftliche Aktivität der Stadt fast zum Erliegen. Sehenswert ist die Église Saint-Malo mit ihrer englischen Orgel aus dem Jahr 1889.

SEHENSWERTES

❶ Rue du Jerzual

Am Ende der Place des Cordeliers mit ihren Arkadenhäusern, deren Balken sich unter der Last der Jahrhunderte biegen, führt rechts die Rue de la Lainerie in Dinans romantischste Straßenzeile, die Rue du Jerzual. Bis zur Mitte des 19. Jh. diente sie als Hauptverkehrsader zwischen der Oberstadt und dem idyllischen Flusshafen.

Die kopfsteingepflasterte schmale Gasse wird von restaurierten Fachwerkhäusern flankiert. Das schönste Anwesen an der Straße ist die **Maison du Gouverneur** aus dem 15. und 16. Jh., komplett aus Holz gefertigt und mit malerischen historischen Erkern versehen. Nach der Porte du Jerzual führt die Straße als Rue du Petit Fort weiter zum Fluss Rance hinunter.

MUSEEN UND GALERIEN

MUSEEN

❷ Château-Musée 🛉⚲

Der 34 m hohe Wehrturm, der »Donjon« aus dem 14. Jh., gehört zur Stadtbefestigung. Das Museum zeigt in drei Sälen Exponate, die mit der Geschichte der Bretagne wie auch Dinans vertraut machen, beispielsweise Möbel aus der Region und die Hauben (»coiffes«) der Frauentracht, nach Orten und Regionen sortiert. Auf der Plattform über dem Wehrgang bietet sich ein wunderbarer Blick über die Dächer von Dinan.

Donjon de la Duchesse Anne | in der Hochsaison tgl. 10–18.30, sonst 13.30–17.30 Uhr | Eintritt 4,60 €

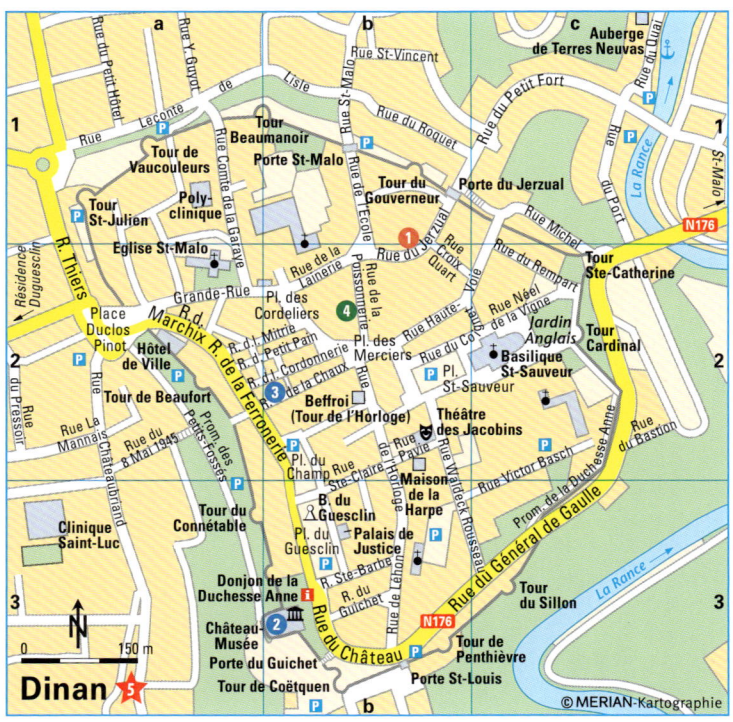

GALERIEN

❸ Atelier Martine Wentzeis

Martine malt die bretonischen Land-schaften in knalligen Aquarellfarben und gestaltet auch kreative Collagen. Eine interessante Galerie.

28, rue de la Chaux | Tel. 06 88 28 63 32 | Di–Sa 11.30–18, Juli, Aug. tgl. 11–19 Uhr

ÜBERNACHTEN

Château le Windsor 🛉👧

▶ S. 85, westl. a 1

Romantisch – Wer einmal Schlossherr spielen möchte, kann das in diesem ro-mantischen Hotel ausleben. Das Haus verfügt über eine 11 ha große Parkanla-ge, einen Swimmingpool, ein Fitness-studio und eine Sauna mit Whirlpool. Die Zimmer sind königlich eingerich-tet, mit alten Antiquitäten und Him-melbetten. Gute Küche.

Plorec-sur-Arguenon | Le Bois Billy | Tel. 02 96 83 04 83 | 21 Zimmer und 2 Suiten | ♿ | €€€
21 km westl. von Dinan

ESSEN UND TRINKEN

❹ Crêperie Ahna 🛉👧

Guter Service – Die urige Crêperie führen Marielle und Patrick Tartivel in vierter Generation. Gute Crêpes und »galettes« in allen möglichen Variatio-nen, auch mit Jakobsmuscheln und Pil-zen. Sehr freundliche Bedienung, un-bedingt vorher reservieren!

7, rue de La Poissonnerie | Tel. 02 96 39 09 13 | So geschl. | €

KULTUR UND UNTERHALTUNG

In Dinan finden eine Menge Folklore-, Musik- und Marktfeste im Jahr statt. Infos beim Office de Tourisme.

Bildschöne Häuserensembles, die größtenteils aus dem Mittelalter datieren, säumen die Gas-sen von Dinan (▶ MERIAN TopTen, S. 84), das von einem Ring an Stadtmauern umgeben ist.

Fête des Remparts

Beim Stadtmauerfest, dem ausgefallensten Ereignis Dinans, treten 5000 Kostümierte bei mittelalterlichen Trachtenumzügen auf. Dabei werden Turniere veranstaltet, und es gibt viel Animationsprogramm in den Altstadtgassen.

Auskunft unter Tel. 02 96 87 14 61 | www.fete-remparts-dinan.com | alle 2 Jahre, 2016 wieder an einem Wochenende in der 2. Julihälfte

SERVICE

AUSKUNFT

Office de Tourisme Dinan

9, rue du Château | Tel. 02 96 87 69 76 | www.dinan-tourisme.com

VERKEHR

Bootsausflug

Der Veranstalter Compagnie Corsaire hat eine romantische Bootstour auf der Rance im Angebot: nach Dinard und Saint-Malo durch ein beeindruckendes Flusstal, vorbei an Schlössern und Fischerdörfern. Fahrzeit 2,45 Std., Rückfahrt oft nur mit dem Bus möglich.

Abfahrt am Hafenkai Compagnie Corsaire | Tel. 08 25 13 81 00 | www.compagniecorsaire.com | Mitte April–Okt. | Ticket ca. 25 €, Kinder 15 €

PAIMPOL ⚓ E1

8000 Einwohner

Paimpol war die Stadt der Islandfischer, die auf großen Kabeljaufang weit draußen im Atlantik gingen. Fast ein Jahrhundert lang lebten sie in dem kleinen Hafenstädtchen, brachten ihm Wohlstand, aber auch Leid, da viele von ihren langen Fahrten nicht zurückkehrten. Heute wird in Paimpol entlang der Küste Fisch gefangen. Einen Besuch

verdienen neben dem alten Viertel westlich des Hafens vor allem die Ruinen der Abtei von Beauport in Kérity.

SEHENSWERTES

Abbaye de Beauport

Die Klosterruinen aus dem 12. Jh., versteckt hinter hohen Bäumen gelegen, veranschaulichen den Jahrhunderte währenden Widerstreit normannischromanischer und gotischer Baukunst. Im Kreuzgang sind die Ornamente eher normannisch, die Spitzbögen hingegen gotisch. Interessant sind auch die Reste der Klosterkirche aus dem 13. und 14. Jh., der Fürstensaal und der Weinkeller der ehemaligen Abtei. Gegründet wurde sie vom einflussreichen Prämonstratenserorden. Im Sommer werden Führungen und andere Veranstaltungen organisiert.

Ortsteil Kérity | Rue de Beauport (2 km auf der D 786 in Richtung Saint-Quay-Portrieux, dann ausgeschildert) | Mitte Juni–Mitte Sept. tgl. 10–19, Mitte Sept.–Mitte Juni 10–12, 14–17 Uhr | Eintritt 5,50 €

MUSEEN UND GALERIEN

Musée de la Mer

Für Nautikfans ein Muss: Die Ausstellung zur Stadtgeschichte mit Archivbildern zum alten Paimpol zeigt Navigationsinstrumente und beleuchtet die Ära der Islandfischer, ihren großen Musiker Théodore Botrel und den Literaten Pierre Loti. Im Sommer finden Wechselausstellungen statt – natürlich zum Thema »Meer«.

11, rue Labenne | www.museeemerpaimpol.com | Mitte April–Mitte Juni, Sept. tgl. 14–18, Mitte Juni–Aug. tgl. 10.30–12.30, 14–18.30 Uhr | Eintritt 4 €, Kinder 2 €

ÜBERNACHTEN

K'Loys

Im Herzen der Altstadt – Das kleine Hotel von Jean-Marc Conan ist ein netter Familienbetrieb, untergebracht in einem schönen Steinhaus. Die gepflegten Zimmer mit Blick auf den Hafen sind mit dicken Stoffen eingerichtet, die alten Holzböden wurden erhalten. Nebenbei führen die Conans auch das Restaurant L'Islandais (Meeresfrüchte und »galettes«), das Bistrot de Tonton Guy, den Eisladen Glacier Adam und die Crêperie L'Escale im Ort.

21, quai Morand | Tel. 0230252214 | www.hotel-kloys.com | 17 Zimmer | ♿ | €€

ESSEN UND TRINKEN

La Vieille Tour

Feine Adresse – Das stilvoll eingerichtete Restaurant mit seinen kleinen Tischen serviert köstliche Meeresfrüchte und Fleischgerichte. Der Chefkoch konnte schon mehrere Auszeichnungen für seine raffinierte, aber eher traditionell ausgerichtete Küche erringen. Sehr lecker sind die Austern und der Hummer. Aufmerksame Bedienung.

13, rue de l'Église | Tel. 0296208318 | So abends und Mo geschl. | €€

Ziele in der Umgebung

◎ GUINGAMP  E2

7900 Einwohner

Der alljährliche »pardon« Anfang Juli zu Ehren der Schwarzen Madonna lockt Tausende von Pilgern in die kleine Stadt am Trieux. Doch auch jenseits des Festes gibt es viel zu sehen: Prachtvolle Fachwerkhäuser prägen die Altstadt, die sich oberhalb des Flusses erhebt. Außergewöhnlich sind die Renaissanceelemente in der Basilika Notre-Dame-de-Bon-Secours aus dem 13. Jh. Interessant ist auch der Springbrunnen La Plomée an der Place du Centre, der Renaissance und Louis-XV-Stil in allegorischen Menschen- und Tierfiguren verbindet.

34 km südl. von Paimpol

◎ ÎLE DE BRÉHAT   F1

400 Einwohner

Auf der »Blumeninsel der Bretagne« herrscht ein mildes Klima mit einer mediterranen Vegetation: Eukalyptus, Mimosen, Palmen, und hinter blühenden Hortensien liegen kleine, geranienverzierte Granitsteinhäuser. Bréhat ist ein gut besuchtes Ausflugs- und Ferienziel – und somit von Trampelpfaden, kleinen Straßen und Radwegen durchzogen. Doch Autos sind unerwünscht. Die felsige Küste mit ihren breiten Sandstränden wird von kleinen Inseln und Riffen gesäumt.

6 km nördl. von Paimpol

SERVICE

VERKEHR

Fähre

Die Fähre von Vedettes de Bréhat hält die Verbindung zum Festland an der Pointe de l'Arcouest aufrecht. Von April bis September verkehren von 8.15–20 Uhr die Fähren etwa stündlich, von Oktober bis März weniger oft. Fahrtdauer: 10 Minuten. Man kann auch Rundfahrten um die Insel buchen.

Tel. 0296557950 | www.vedettesdebre hat.com | Ticket 10 €, Kinder 8,30 €

◎ TRÉGUIER E1

2600 Einwohner

Das mittelalterliche Bischofsstädtchen thront auf einem Hügel am Zusam-

Gotische Formensprache im Kreuzgang der Kathedrale Saint-Tugdual (▶ S. 89). Unter den Arkaden bauten früher an Markttagen fliegende Händler gegen Entgelt ihre Stände auf.

menfluss des Guindy und Jaudy. Von der alten Hafenpforte am Kai mit ihren beiden Ecktürmen führt die Rue Renan bis zur Place du Martray, die von prächtigen Fachwerkhäusern aus der Blütezeit des Leinenhandels im 16. und 17. Jh. gesäumt wird.

17 km westl. von Paimpol

SEHENSWERTES

Cathédrale Saint-Tugdual

Hauptanziehungspunkt des Ortes ist die mächtige Kathedrale: Hier werden die Reliquien des hl. Yves, des Schutzpatrons der Richter, aufbewahrt, die auch heute noch von vielen Gläubigen verehrt werden. Jedes Jahr am 19. Mai kommen Pilger aus ganz Europa zum großen »pardon« nach Tréguier. Die Arkaden des Kreuzgangs zeigen filigrane Flamboyantgotik aus dem 15. Jh.

Place du Martray | Juli, Aug. tgl. 9–19, Sept.–Juni 9–12, 14–18 Uhr, Mi vormittags geschl.

Maison d'Ernest Renan 🧍‍♂️

Im Geburtshaus des Schriftstellers Ernest Renan (1823–1892) repräsentieren einige Exponate wie Manuskripte und Bilder sein Leben. Er war stolz auf seine keltische Abstammung und schrieb seine Texte auf Bretonisch.

20, rue Ernest Renan | Mi–So 10–12, 14–18 Uhr, Juli, Aug. tgl. | Eintritt 3 €, Kinder frei

ÜBERNACHTEN

Manoir de Kergrec'h 🧍‍♂️

Schloss am Meer – Sich wie ein bretonischer Schlossherr fühlen: In diesem edlen, rosengeschmückten Herrenhaus aus dem 17. Jh., direkt am Meer gele-

gen, ist dies kein Problem. Die großzügigen, kürzlich renovierten Zimmer
sind schick-ländlich dekoriert. Das
Schloss in einer Parkanlage strahlt einen ganz besonderen Charme aus.

Plougrescant | Tel. 02 96 92 59 13 |
www.manoirdekergrech.com |
5 Zimmer | ♿ | €€€

SERVICE

AUSKUNFT

Office de Tourisme Tréguier

Place Général Leclerc | Tel. 02 96 92
22 33 | www.tregor-cotedajoncs-
tourisme.com

PERROS-GUIREC UND PLOUMANAC'H ⚑ E1

8000 Einwohner

Die rosa schimmernden Felsformationen entlang der Küste im schmucken
Ortsteil Ploumanac'h mit seinen kleinen Steinhäuschen sind nach wie vor
das Aushängeschild der **Côte de Granit
Rose** ⭐. Der Hauptort Perros-Guirec
hatte schon zu Beginn des Badetourismus im letzten Jahrhundert seine fes-
ten Stammgäste, viele schicke historische Villen zeugen noch heute davon.
Aus dem kleinen Fischerhafen von einst
ist ein mondänes Seebad geworden.
Von den steilen Straßen an den Hängen haben Gäste fantastische Ausblicke

---

**Wilder Zöllnerpfad an
der Côte de Granit Rose** 🔽 3

Der 3,5 km lange Pfad »Sentier des
Douaniers« führt von Perros-Guirec knapp über der tosenden Brandung die Küste entlang in das hübsche Dorf Ploumanac'h (▶ S. 13).

---

auf die raue Küste mit der vorgelagerten Île Tomé und dem Archipel Les
Sept Îles. Im riesigen Hafen tummeln
sich in den Sommermonaten Segelboote aus aller Welt, während die Ba-
degäste am langen Strand von Trestrignel surfen oder sonnenbaden.

ÜBERNACHTEN

Castel Beau Site ▶ S. 24

Les Feux des Îles

Familiär – Das charmante Naturstein-
gebäude liegt steil über den Klippen,
somit genießen Gäste in den komfortablen Zimmern eine atemberaubende
Aussicht auf die sieben vorgelagerten
Inseln. Das Hotel verfügt über einen
Tennisplatz, einen schönen Blumen-
garten und eine mehrfach ausgezeich-
nete Gourmetküche. Gemütliche bretonische Landatmosphäre.

Perros-Guirec | 53, boulevard Clémen-
ceau | Tel. 02 96 23 22 94 | www.feux-des-
iles.com | 2. Okt.-Hälfte sowie Weihnach-
ten–Feb. geschl. | 18 Zimmer | ♿ | €€€

Le Manoir du Sphinx 👪

Aristokratisches Ambiente – Die mehr-
geschossige alte Villa auf der Landspitze oberhalb des Trestrignel-Strandes
ähnelt einem kleinen verwunschenen
Burgschlösschen. Die Gäste haben in
den komfortablen Turm- und Erker-
zimmern, aber auch vom Restaurant
des Hauses einen tollen Blick direkt auf
die lang gezogene Bucht Trestrignel.
Tolle Gastronomie.

Perros-Guirec | 67, chemin de la Messe |
Tel. 02 96 23 25 42 | www.lemanoirdu
sphinx.com | Mitte Nov.–2. Dez.-Woche
sowie Mitte Jan.–Feb. geschl. | 20 Zim-
mer | ♿ | €€€

ESSEN UND TRINKEN

La Clarté

Sterne-Küche – Spitzenkoch Daniel Jaguin überzeugt in seinem Restaurant mit der netten Sonnenterrasse. In seiner Küche arbeitet er mit frischem saisonalen Fisch, Meeresfrüchten und vielen traditionellen lokalen Gerichten. Mehr als 350 Weine aus ganz Frankreich stehen zur Auswahl. Sehr empfehlenswert: der Hummer mit bretonischen Artischocken. Eine exquisite Küche, die Sie sich einmal gönnen sollten!
Perros-Guirec | 24, rue Gabriel-Vicaire | Tel. 02 96 49 05 96 | www.la-clarte.com | Mitte Feb.–Mitte Dez. 12–13.30, 19–21 Uhr | €€

Crêperie Les Vieux Gréements 👫

Gute Lage – Eine urgemütliche Crêperie mit holzvertäfelten Wänden drinnen und einer netten Außenterrasse direkt am Port de Plaisance. Seit nunmehr über 20 Jahren bieten die Betreiber ihren Gästen schmackhafte Muschelspezialitäten. Besonders gut: die Muscheln mit Roquefort und die hauseigenen Crêpes. Aufmerksamer Service.
Perros-Guirec | 19, rue Anatole Le Braz | Tel. 02 96 91 14 99 | Feb.–Mitte Nov. Di–So 12–14, 19–21.30 Uhr | €

Durchatmen am Leuchtturm Mean Ruz

Am späten Nachmittag ist vielleicht der schönste Zeitpunkt, um die kleine Bucht Pors Kamor mit ihren riesigen Granitblöcken nahe der Pointe Mean Ruz aufzusuchen. Ein guter Ort zum Loslassen (▶ S. 13)!

Perros-Guirec (▶ S. 90) zählt zu den klassischen ersten Seebädern mit prächtigen Ferienvillen. Im Sommer konzentriert sich das Leben auf die Plage de Trestraou und ihre Uferpromenade.

EINKAUFEN
KULINARISCHES
La Chaumière
Für Liebhaber der süßen Delikatessen ein wahrer Traum: Dieser Laden ist Patisserie, gemütliche Teestube mit Kamin und Confiserie in einem. Die Schokolade wird aus reiner Kakaobutter handgemacht. Zu den Spezialitäten zählt beispielsweise der typisch bretonische Kouign-Amann-Kuchen.

19, rue du Général de Gaulle | Tel. 02 96 23 20 56 | www.lachaumierechocolats.fr | Di–Sa 9.15–19, So 9–13 Uhr

SERVICE
AUSKUNFT
Office de Tourisme de Perros-Guirec
21, place de l'Hôtel de Ville | Tel. 02 96 23 21 15 | www.perros-guirec.com

VERKEHR
Bootsausflug
Der traditionelle Tangfang-Kutter »Ar Jentilez« nimmt Gäste für kulinarische Bootsausflüge mit an Bord. Hier wird die Geschichte der bretonischen Segelschifffahrt zu Beginn des vorherigen Jahrhunderts wieder lebendig (Reservierung beim Centre Nautique, Plage de Trestraou, Tel. 02 96 49 81 21).

Vedettes de Perros-Guirec organisiert verschiedene Ausflüge zu den sieben Inseln (Sept-Îles), einem etwa 40 ha großen unbewohnten Archipel mit Frankreichs ältestem Vogelschutzreservat, das u. a. Papageitaucher, Basstölpel, Pinguine und Kegelrobben bevölkern. Ein einzigartiges Erlebnis! (Abfahrt am Kai der Plage de Trestraou, Tickets beim Office de Tourisme, Tel. 02 96 91 10 00, April–Sept.).

Traditionelle Bauernhäuser mit dicken Natursteinmauern bei Trébeurden (▶ S. 93). Vielen gilt ein bretonisches Cottage als Inbegriff des unverfälschten französischen Landlebens.

Bus

Der zentrale Busbahnhof liegt am Hafen vor dem Bassin de Linkin, mehrere Haltestellen im Stadtgebiet. Die Busse von CAF verbinden verschiedene Küstenorte mit Lannion im Hinterland, bis zu siebenmal täglich nach Lannion.

Ziele in der Umgebung

◎ TRÉBEURDEN D1
3100 Einwohner

An der tief eingeschnittenen Badebucht sind Surfer besonders gut aufgehoben, da die Bucht einen guten Schutz vor den hohen Wellen des Atlantiks bietet. Auch Fans des Sonnenbadens freuen sich über den langen Sandstrand Tresmeur oder die Plage Pors Mabo unterhalb eines bewaldeten Hanges. An der Plage Goas-Treiz zeigen sich bei Ebbe viele kleine Inseln und Felsen – dann kommen die Muschelsammler und drehen jeden Stein nach den feinen Delikatessen um.

13 km südwestl. von Perros-Guirec

SEHENSWERTES

Menhir de Saint-Uzec

Der Hinkelstein ragt inmitten der kargen Heide aus dem Boden und ist einer der seltensten Menhire der Region. Er verdeutlicht die Verschmelzung keltischer Mythen mit der christlichen Religion. Wahrscheinlich schlug ein Pfarrer aus der Gegend im 17. Jh. ein Kreuz in die Spitze des Steins und verzierte die Vorderseite mit christlichen Reliefs.

Auf der D 21 Richtung Pleumeur-Bodou

ÜBERNACHTEN

Ti al Lannec

Schöner Wellnessbereich – Familie Jouanny führt dieses wunderschöne Hotel, das direkt über einem Strand liegt. Es hat einen Spa-Bereich mit Sauna, Jacuzzi, Massageabteilung, Fitness- und Beautyroom, einen Pool mit Außenterrasse und eine Bibliothek mit Billardtisch. Die Küche des ausgezeichneten Panoramarestaurants ist von Fisch und Meeresfrüchten geprägt. Die romantisch-ländlich eingerichteten Zimmer weisen fast alle aufs Meer oder in den blumenreichen Garten. Guter Service.

14, allée de Mézo-Guen | Tel. 02 96 15 01 01 | www.tiallannec.com | Mitte März–Okt. | 26 Zimmer und 7 Suiten | ♿ | €€€€

◎ TRÉGASTEL E1
2200 Einwohner

Dieser gepflegte Badeort mit seiner hübschen Hotel- und Häuseransiedlung verfügt über die meisten Sandstrände in diesem Küstenabschnitt. Doch die Gezeiten spielen auch hier eine große Rolle: So verschwinden in einigen Buchten bei Flut die Liegeflächen komplett, und es kommen bei Ebbe kunstvolle Felsformationen zum Vorschein. Die feinsandige **Plage du Coz-Pors** wird von großen Granitfelsen, einem riesigen Würfel, der Hexe, dem Totenkopf und anderen sehr fotogenen, felsigen Skulpturen begrenzt.

8 km westl. von Perros-Guirec

MUSEEN UND GALERIEN

Moulin à marée

Die Gezeitenmühle war noch bis Anfang dieses Jahrhunderts in Betrieb. Eine kleine Ausstellung widmet sich der Geschichte der Müllerei.

Boulevard des Traouïéro | Tel. 02 96 23 47 48 | Mitte Juni–Mitte Sept. Mi–Mo 15–18 Uhr

ÜBERNACHTEN

Park Hotel Bellevue 🧍‍♂️

Mit tollem Blick aufs Meer – Das eher ruhige Haus liegt etwas zurückversetzt unterhalb des Panoramahügels, es hat eine stilvolle Fassade aus den 1930er-Jahren und einen romantischen Garten. Die Zimmer mit den hohen Decken sind nostalgisch eingerichtet. Die Strände liegen ca. 300 m entfernt.

20, rue des Calculots | Tel. 02 96 23 88 18 | www.hotelbellevuetregastel.com | Mitte März–Mitte Nov. | 31 Zimmer | ♿ | €€€

ESSEN UND TRINKEN

Latitude Grève Blanche 🧍‍♂️

Direkt am Strand – Das nette Restaurant profitiert von seiner privilegierten Lage direkt an der weißen Plage de Trégastel. Die Gäste sind entsprechend entspannt. Auf der Terrasse oder der Veranda serviert man typische französische Fischgerichte teilweise mit spanischem Touch, aber auch Fleisch. Probieren Sie das Couscous!

Plage de Trégastel | Tel. 02 96 15 33 88 | März–Dez., im Winter So abend und Mo geschl. | €

EINKAUFEN

KULINARISCHES

Biscuits La Trinitaine

Die 1955 gegründete Bäckerei hat allerlei regionale Produkte in ihrem Sortiment: neben Crêpes und deftigen »galettes« auch den beliebten »gâteau breton«, gesalzene Butter, Pâtés, Terrinen, Pralinen, verschiedene Honigsorten, Marmeladen. Wer noch das letzte kulinarische Souvenir braucht, sollte hier einmal vorbeischauen.

13, rue Paul Pallud | Tel. 02 96 15 38 76 | www.latrinitaineadomicile.com

SERVICE

AUSKUNFT

Office de Tourisme Trégastel

Place Sainte-Anne | Tel. 02 96 15 38 38 | www.tourismetregastel.com

◎ WISSENSCHAFTSPARK COSMOPOLIS 🚩 D1

Technikliebhaber sollten die **Cité des télécoms** auf dem Gelände der einzigen französischen Satellitenstation nicht verpassen. Interessante Exponate verdeutlichen die Entwicklung vom Morseapparat bis zur Satellitenübertragung. Unter einer riesigen Radarkuppel sind Ton- und Bildvorführungen zu sehen.

La Cité des télécoms | Parc du Radôme | Tel. 02 96 46 63 80 | www.cite-telecoms.com | Juli, Aug. tgl. 10–19 Uhr, sonst kürzer | Eintritt 7,50 €, Kinder 4,50 € | 2 km nördl. von Pleumeur-Bodou

SAINT-CAST-LE-GUILDO 🚩 G2

3100 Einwohner

Ein Seebad mit optimalen Bademöglichkeiten: Der 1,5 km lange Sandstrand Grande Plage direkt im Ort gilt als einer der schönsten der Nordküste. Saint-Cast besteht aus drei Ortsteilen: dem ursprünglichen Fischerdorf Le Bourg oberhalb des Strands, L'Isle mit verwinkelten Gassen und dem großen Jachthafen sowie La Garde, das sich am südlichen Ende des Strandes mit Hotels, Ferienvillen und Casino erstreckt. Besuchenswert ist auch das 22 km entfernte **Cap Fréhel** mit seinen rötlich schimmernden Felsen und nistenden Seevögeln im Schutzgebiet. Ebenso lohnen **Quintin**, die alte Stadt der Weber im Hinterland, oder die Bischofsstadt **Saint-Brieuc** einen Abstecher.

Saint-Cast-le-Guildo (▶ S. 94) wartet mit sehr feinsandigen Stränden auf. Das altehrwürdige Seebad an der Côte d'Émeraude erlebte schon Ende des 19. Jh. einen ersten Touristenboom.

ESSEN UND TRINKEN

La Petite Breizh

Fleisch über dem Feuer – Definitiv etwas für Liebhaber von Gegrilltem: Hier brutzelt man Steaks, Hochrippe und Co. direkt über dem offenen Holzfeuer, lecker mit Tomaten auf Provence-Art zubereitet. Es gibt eine romantische Terrasse für die warme Jahreszeit, und das Meer ist nur 100 m entfernt.

11, rue de la Mer | Tel. 02 96 41 91 24 | Okt.–März geschl.

SERVICE

AUSKUNFT

Office de Tourisme Saint-Cast-le-Guildo

Das Büro hat auch geführte Touren im Angebot, u. a. zum Strandfischen.

Place Général de Gaulle | Tel. 02 96 41 81 52 | www.saintcastleguildo.fr

Ziele in der Umgebung

◎ ERQUY   G 2

3000 Einwohner

Mit weitläufigen weißen Sandstränden trumpft auch dieses kleine Fischerdörfchen auf. Auf der Landspitze verstecken sich ruhigere Buchten, die teilweise nur zu Fuß zu erreichen sind. In den Hafen bringen die Fischer hauptsächlich die Jakobsmuscheln – eine feine Delikatesse. Sehenswert ist das Wasserschloss **Château de Bienassis** aus dem 15. Jh.

20 km westl. von Saint-Cast-Le-Guildo

SERVICE

AUSKUNFT

Office de Tourisme Erquy

Im Sommer Wanderungen und Exkursionen rund um das Cap d'Erquy.

3, rue du 19 mars 1962 | Tel. 02 96 72 30 12 | www.erquy-tourisme.com

DER WESTEN

*Eindrucksvolle Kalvarienberge, attraktive Städte
und wilde Küsten machen den Westen der Bretagne aus.
Hier, am »Ende der Welt«, zeigt sich die Region noch
von ihrer rauen und ursprünglichen Seite.*

Bis heute spricht man in vielen Orten des Westens auch im Alltag Bretonisch – und manche Frauen im Bigoudenland tragen auch auf der Straße ihre traditionellen Spitzenhauben, die »coiffes«. Im Inneren des Landes sind die umfriedeten Pfarrbezirke mit den Beinhäusern, der Triumphpforte und den einzigartigen **Kalvarienbergen** (»calvaires«) zu finden. Sie zeugen vom Wohlstand der Region zum Ende des Mittelalters.

FINISTÈRE – DAS »ENDE DER WELT«

Kulturell ist vor allem **Quimper** mit einer der beeindruckendsten Kathedralen der Bretagne erwähnenswert. Im Sommer werden hier wichtige Folklorefeste, klassische Musikwochen und viele Ausstellungen veranstaltet. Entscheidend geprägt hat dieses Gebiet »am Ende der Welt« (auf Bretonisch »finister«) die Natur: mit tief eingeschnittenen Trogtälern, ein-

◀ Pinguinkolonie im Pavillon polaire des Océanopolis Brest (▶ MERIAN TopTen, S. 98).

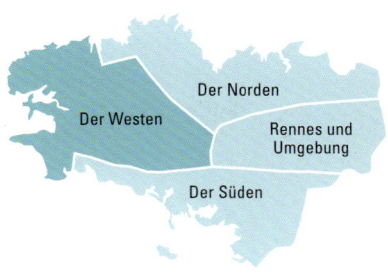

drucksvollen Klippen und gefährlichen Riffen – wie beispielsweise an der wilden Pointe de Penhir und der Pointe du Raz. Hier peitschen die Wellen pausenlos gegen die Felsen. Die Halbinseln Crozon und Sizun begeistern viele Naturliebhaber. Ein richtiges Abenteuer ist eine Fahrt zu den ursprünglichen Inseln draußen im rauen Atlantik, auch wenn hier den Urlaubern das Radfahren meist wichtiger ist als der Badetourismus. Das Meer ist häufig aufgewühlt, die Küsten sind felsig und steil. Ein gutes Beispiel ist Île d'Ouessant. Die alte Wasserstraße nach Quimper wird häufig von Ausflugsbooten genutzt.

BREST ⚑ B2

Stadtplan ▶ S. 99
141 000 Einwohner

Schon seit der Römerzeit hatte die perfekt geschützte Bucht eine militärisch-strategische Bedeutung. Kriegsminister Richelieu baute für König Ludwig XIV. mit Zwangsarbeitern in Brest den größten Flottenstützpunkt seines Landes. Die deutsche Wehrmacht schließlich nutzte während des Zweiten Weltkriegs die Rade-de-Brest-Bucht als U-Boot-Basis. Dies hatte allerdings für die Stadt und deren Bewohner tragische Konsequenzen: Die alliierten Luftstreitkräfte zerstörten gegen Ende des Krieges die Stadt nahezu komplett.

Beim Wiederaufbau wurde ein geometrischer Gesamtplan zugrunde gelegt, die Stilrichtungen der Gebäude reichen von einer Art Neo-Empire über platten Säulen-Klassizismus bis zum hypermodernen Kulturzentrum Le Quartz mit seiner verspiegelten Fassade. Aber auch Supertanker, Lastenkräne, Kriegsschiffe und Hochhäuser prägen das Bild der zweitgrößten Stadt der Bretagne. Für Urlauber ist Brest ein guter Ausgangspunkt für Ausflüge in die Region.

SEHENSWERTES

❶ Hafen 👫

Die Rade de Brest ist Europas größter Naturhafen. Er ist geschützt durch die Pointe de Portzic westlich der Stadt und die Pointe des Espagnols auf der Halbinsel Crozon. So führt nur eine 2 km breite Einfahrt ins offene Meer. Hier liegt einer der bedeutendsten Handelshäfen Frankreichs, jährlich werden über 2 Mio. t Ladung umgeschlagen. Gute Aussichtspunkte: vom Cours Dajot, von der Aufzugsbrücke Pont de Recourrance über dem Penfeld-Park oder von der Pointe des Espagnols. Azénor organisiert Rundfahrten durch den Hafen und Schlemmerkreuzfahrten in der Bucht.

Erstes Bassin des Port de Commerce | Azénor | www.azenor.fr | aktuelle Zeiten im Office de Tourisme erfragen

MUSEEN UND GALERIEN

2 Musée des Beaux-Arts

Das Museum zeigt hauptsächlich Werke ab dem 17. Jh., einige Bilder stammen aus der »Schule von Pont-Aven«.

24, rue Traverse | www.musee-brest. com | Mo, Mi–Sa, feiertags 10–12, 14–18, So 14–18 Uhr | Eintritt 4 €

3 Musée de la Marine 👫

Das Schloss der Herren von Brest beherbergt ein gut bewachtes Museum, das der Geschichte der französischen Marine gewidmet ist: Schiffsmodelle, Galionsfiguren, Ausrüstung und Marinebilder – und dazu etwas Historie zum Château und zum Bagno von Brest, einem der meistgefürchteten Arbeitslager Frankreichs. Zu besichtigen sind auch einige Teile der massiven Festungsanlage – seit 1923 »monument historique«.

Ehemalige Stadtfeste | www.musee-marine.fr/brest | April–Sept. tgl. 10–18.30, Okt.–März tgl. 13.30–18.30 Uhr | Eintritt 6 €

⭐ **Océanopolis 👫**

1990 öffnete der Bau seine Türen. Das damals größte Aquarium in Europa ist ein monumentaler, in Beton gegossener Krebs und präsentiert auf 2700 qm Fauna und Flora der Atlantikküste. Vorführungen, Filme und Computeranimationen informieren ausführlich. Im Pavillon Tempéré schwimmen Seehunde; Seegurken, Anemonen und Korallen kann man sogar anfassen. Ein interessantes Haus für Groß und Klein.

🕐 Am besten sollten Sie am frühen Vormittag oder mittags kommen.

Port de plaisance du Moulin Blanc | www.oceanopolis.com | tgl. 9.30/10–18/19 Uhr, Nov.–Jan. Mo geschl. | Eintritt 19,80 €, Kinder 12,80 €

ÜBERNACHTEN

La Corniche 👫   ▶ S. 99, westl. a 3

Gediegene Adresse – Ein kleines, stilvolles Haus mit komfortablen Zimmern im Stadtteil Kerbonne. Das Hotel verfügt auch über ein Restaurant mit Kamin, eine Terrasse zum Garten und einen Tennisplatz.

1, rue Amiral Nicol | Tel. 02 98 45 12 42 | www.hotel-la-corniche.com | 19 Zimmer | €€

ESSEN UND TRINKEN

RESTAURANTS

4 Crêperie Ar Milin 👫

Gemütliches Ambiente – Schon die Großmutter machte Crêpes, »galettes« und Omelettes auf den alten »bigs«. Seit 30 Jahren steht nun Christiane Loaël hinter den Herdplatten und kredenzt ihre leckeren dünnen Pfannkuchen in allen erdenklichen Variationen. Aufmerksamer Service.

3, rue Pasteur | Tel. 02 98 80 21 29 | tgl. 12–14.30, 19–21.30 Uhr

5 La Maison de l'Océan 👫

Meeresspezialitäten – Das Restaurant liegt direkt im Handelshafen. Vor den Augen der Gäste wird frisch gegrillter Fisch zubereitet. Ebenfalls empfehlenswert: die Meeresfrüchteplatte.

2, quai de la Douane | Tel. 02 98 80 44 84 | www.maisondelocean.com | tgl. 12–14, 19–23 Uhr

BARS

Le Tour du monde   ▶ S. 99, nordöstl. c 1

Eine nette Bar direkt am Hafen mit tollem Blick über die Rade-de-Brest-Bucht. Im Sommer am besten einen Mojito oder Tequila Sunrise auf der Terrasse schlürfen.

Port de plaisance du Moulin Blanc |
www.tourdum.fr | tgl. 10–1 Uhr

EINKAUFEN

Hauptgeschäftsstraße ist die Rue de Siam von der Place de la Liberté bis zum Flussufer – nett zum Shoppen.

KULINARISCHES

6 Tôt ou Tard

Armelle Le Bret verkauft in ihrem Delikatessenladen Küchenutensilien, aber auch feine Gewürze, Salze, verschiedene Olivenöle und edle Teesorten. Wer Hobbykoch ist und gerne stöbert, ist hier genau richtig.

25, rue Pasteur | Tel. 02 98 43 31 83

KULTUR UND UNTERHALTUNG

Les Jeudis du Port

Jeden Donnerstagabend findet in den Sommermonaten am Handelshafen das Kunstfestival mit Musik, Straßenkunst, Theater, Kabarett, Konzerten und Aufführungen für die ganze Familie statt. Jeder ist eingeladen, zuzuhören, mitzutanzen und mitzutrinken.

Hafengelände | Infos beim Office de Tourisme | Do im Juli und Aug.

SERVICE

AUSKUNFT

Office de Tourisme Brest

Place de la Liberté | Tel. 02 98 44 24 96 | www.brest-metropole-tourisme.fr

Ziele in der Umgebung

◎ LE CONQUET　 B 2
2600 Einwohner

Gemütlich-ruhig geht es in dem kleinen Hafenstädtchen – und früher gefürchteten Korsarennest – zu. Das Zentrum liegt hoch über dem Mündungstrichter:

Wollen Sie's wagen?

Mit dem Gleitschirm über der Bucht von Brest und Douarnenez dahingleiten – versuchen Sie es doch mal. Gestartet wird vom 330 m hohen Berg Ménez-Hom. Ein wahres Abenteuer wird es ohne Zweifel, trauen Sie sich!
École de Vol Libre du Ménez-Hom (54 km südl. von Brest) | Tel. 02 98 81 50 27 | www.vol-libre-menez-hom.com

---

ein kleiner Marktplatz, ein paar enge, verwinkelte Gassen, die steil zum Hafen hin abfallen. Empfehlenswerte Aktivitäten: Spaziergänge auf der Halbinsel Kermorvan, ein Badeausflug an die Plage des Blancs Sablons oder ein Ausflug zur Pointe de Saint-Mathieu mit ihrem berühmten Leuchtturm und der Klosterruine aus dem 6. Jh.
25 km nordwestl. von Brest

Picknick an der Pointe de Saint-Mathieu　5

Hier schreien die Möwen, und die Wellen des Atlantiks schlagen an das wilde zerklüftete Ufer. Eine ungewöhnliche Kulisse für ein gemütliches Zwischenmahl (▶ S. 14).

EINKAUFEN

WOHNEN

Ti Arzoù

Die Fotografin und Künstlerin Falhun Goëlle verkauft in ihrem netten Laden ihre Fotografien und Zeichnungen, aber auch handgemachte Keramik anderer Künstler, Fayencen von Henriot aus Quimper und Schmuck.
19, rue Poncelin | Mi–So nachmittags 10–12, 15–19 Uhr

SERVICE

AUSKUNFT

Office de Tourisme Le Conquet
Am Ortseingang an der Route de Brest | Tel. 02 98 89 11 31 | www.tourismeleconquet.fr

◎ ÎLE D'OUESSANT　 A 2
1060 Einwohner

Die raue, von Wellen und stürmischen Winden gezeichnete Insel bildet den westlichsten Vorposten Frankreichs – weit draußen im offenen Atlantik. Immer wieder kenterten in der Vergangenheit Schiffe an den gefährlichen Riffs. Der Hauptort **Lampaul** liegt im Südwesten, die Fähren steuern jedoch den Hafen **Digue** im Osten an.

Auch wenn man nur für einen Tag auf die Insel kommt: Besonders sehenswert ist die Nordwestküste, hier sollten Sie unbedingt etwas Zeit einplanen und das spannende Schauspiel der Brandung an den Klippen verfolgen. Ab Brest verkehrt einmal täglich ein Boot. Für nicht so seetüchtige Gäste ist die Fährverbindung ab dem malerischen Fischerort Le Conquet an der Westküste wegen der kürzeren Fahrzeit eher zu empfehlen.
50 km westl. von Brest

SERVICE

VERKEHR

Fähre

Die Fähre von Penn Ar Bed verkehrt über Le Conquet und Île Molène nach Ouessant. Fahrzeit: 2,5 Std.

Erstes Bassin im Handelshafen | Service Maritime Départemental | www.pennar bed.fr | tgl. einmal am Vormittag

Fahrradverleih

Die Familie Malgorn ist mit Ouessancycles eine von mehreren Verleihdiensten auf der Insel und hat auch E-Bikes und Tandems im Angebot.

Lampaul | Bourg | Tel. 02 98 48 83 44 | www.ouessancycles.com

MORLAIX D 2

16 000 Einwohner

Die »Cité d'art et d'histoire« liegt nicht nur wunderschön in einem Tal, das von einem spektakulären Eisenbahnviadukt überspannt wird. Sie ist auch geprägt durch hübsche schiefergedeckte Fachwerkhäuser, etwa in der Grand Rue. Im Mittelalter war die Stadt als Handelszentrum Heimat wohlhabender Kaufleute. Reich verzierte Bauten zeugen noch heute davon, etwa die spanisch beeinflussten einzigartigen Laternenhäuser mit ihren überdachten Innenhöfen und kunstvoll verzierten Außentreppen. Der wirtschaftliche Aufschwung der Stadt mit dem gut geschützten Umschlaghafen hielt bis zur Industrialisierung an.

SEHENSWERTES

Maison de la Duchesse Anne

Im Innenhof der prunkvollen Maison à lanterne ist die kunstvoll geschnitzte Treppe aus Eichenholz, verziert mit Figuren und Kapitellen, zu sehen.

> ### Eine Radtour über die Île d'Ouessant
>
> **6**
>
> Das karge Eiland ist geprägt von zerklüfteten Felsformationen und kleineren Stränden. Eine Insel für Radfahrer, die sich gern den Wind um die Nase wehen lassen (▶ S. 14).

33, rue du Mer | Mai–Sept. Mo–Sa 11–18 Uhr | Eintritt 1,80 €

ESSEN UND TRINKEN

RESTAURANTS

Le Bains-Douches ▶ S. 28

CAFÉS

Le Grand Café de la Terrasse

Das schönste Café von Morlaix mit typischem Pariser Café-Ambiente: grüne Stühle, ein großes Deckengemälde und eine elegant geschwungene Wendeltreppe. Das Lokal bietet aber auch klassisch französische Cuisine.

31, place des Otages | Tel. 02 98 88 20 25 | €

SERVICE

AUSKUNFT

Office de Tourisme Morlaix

Place des Otages | Tel. 02 98 62 14 94 | www.tourisme.morlaix.fr

Ziele in der Umgebung

◎ **CAIRN DE BARNENEZ** D 2

Unter der 70 m langen und 13 000 t schweren Grabstätte, dem ältesten steinernen Hügel Europas (4500 v. Chr.), liegen elf Kammern, die man aber leider nur von außen betrachten kann. Die Menschen der Vorzeit errichteten ihren Fürsten diese Gräber in optimaler Lage mit Blick über die Bucht von Morlaix.

Plouezoc'h | www.barnenez.monu
ments-nationaux.fr | Mai–Aug. tgl.
10–18.30, Sept.–April tgl. 10–12.30, 14–
17.30 Uhr | Eintritt 5,50 €
10 km nördl. von Morlaix

Wollen Sie's wagen?

*Versuchen Sie sich doch einmal im
Kitesurfen und lassen Sie sich mit
dem Segel auf dem Board durch die
Fluten des wilden Atlantiks ziehen –
in Keremma, westlich von Plouescat.
Ob es nun nach ein paar Mal schon
klappt oder nicht, ist doch nicht so
wichtig. Spaß macht es garantiert!*
L'École de la Glisse (34 km nordwestl.
von Morlaix) | Tel. 06 63 44 44 31 |
www.kitesurf-bretagne.com

◎ CALVAIRE DE PLOUGONVEN ⚓ D2

Der Ort Plougonven besitzt einen der
ältesten umfriedeten Pfarrbezirke der
Bretagne aus dem 16. Jh. Höhepunkt ist
der beeindruckende Calvaire, der mit
seinen ausdrucksstarken Skulpturen
mehr als die Leidensgeschichte Jesu
Christi erzählt. Interessant auch die
Versuchung Jesu in der Wüste sowie
die Darstellung des hl. Yves als Ver-
mittler zwischen Reich und Arm.
12 km südöstl. von Morlaix (auf der D 9)

◎ PARC NATUREL RÉGIONAL
D'ARMORIQUE ⚓ B3–D2

Der Regionalpark ist das größte Land-
schaftsschutzgebiet der Bretagne und
ist geprägt durch große Heiden, Torf-
gebiete und den Hochwald Huelgoat.
Wanderwege führen sportliche Gäste
durch das frühere Reich der Druiden

und über die mit Farnkraut und Moos
überzogenen Felsen. Das nächstgelege-
ne Office de Tourisme in Huelgoat informiert über den Park.
30 km südl. von Morlaix

SERVICE
AUSKUNFT
**Office de Tourisme de Carhaix et
Huelgoat**
Huelgoat | 18, place Aristide Briand |
Tel. 02 98 99 72 32 | www.huelgoat-
carhaix-tourisme.fr

QUIMPER ⚓ C4
Stadtplan ▶ S. 103
63 300 Einwohner

Der Zusammenfluss (auf Bretonisch
»kemper«) von Stein und Odet gab der
stolzen Bischofs- und Herzogsstadt ihren Namen. Schon seit dem Mittelalter
war Quimper Handels- und Wirt-
schaftszentrum. Mittlerweile spielt es
auch eine große Rolle im Kulturleben
der Bretonen. Viele Festivals und Mu-
sikevents finden jedes Jahr hier statt.
König Gradlon soll den Ort einst gegründet haben, nachdem die sagenumwobene Stadt Ys an der Westküste auf
mysteriöse Weise untergegangen war,
und ernannte den Eremiten Corenti-
nus zum Bischof. Dieser irische Mönch
konnte sich angeblich von einem einzigen Fisch, der immer wieder nach-
wuchs, ernähren. Heute steht die Altstadt innerhalb der Stadtmauern im
touristischen Fokus: frisch heraus-
geputztes Fachwerk und die majestätische
gotische Kathedrale Saint-Corentin.
Die Fassaden der vorkragenden Häuser
um das große Gotteshaus zeugen vom
Reichtum, den viele Bewohner seit dem
Ende des Mittelalters genossen.

SEHENSWERTES

❶ Cathédrale Saint-Corentin 🚹♀

Der Bau wurde im 13. Jh. begonnen, unterlag dann aber den wechselnden Stilen der Zeit und gehört zu den beeindruckendsten Sakralbauten der Bretagne. Im Glasfenster links vom Eingang beschäftigte sich der Künstler Gruber 1980 mit dem Thema »Wasser«. Die Figur des »kleinen schwarzen Heiligen« Santik-Du im rechten Querschiff überstand als einzige Skulptur die Revolution unversehrt. Der Priester kümmerte sich im 14. Jh. um die Pestkranken. Früher wurde hier Brot hingelegt, das sich Bedürftige holen durften. Auf der Außenfassade zwischen den beiden Türmen blickt König Gradlon von einem steinernen Ross hinab.

Place Saint-Corentin

MUSEEN UND GALERIEN

❷ Musée des Beaux-Arts

Die größte Gemäldesammlung der westlichen Bretagne zeigt in einem prächtigen, palastartigen Gebäude im italienischen Stil, 1862 bis 1872 erbaut, Maler des 16. bis 20. Jh., u. a. Werke aus der »Schule von Pont-Aven« mit bretonischen Motiven. Ein Extrasaal beschäftigt sich mit dem berühmtesten Sohn der Stadt, Max Jacob (1876–1944).

40, place Saint-Corentin | www.mbaq. fr | Eintritt 4,50 €

❸ Musée Départemental Breton 🚹♀

Archäologische Funde der Vorgeschichte, altbretonische Kunstgegenstände, Fayencen, Trachtenkostüme und Möbel des 17. bis 20. Jh. sind in dem ehe-

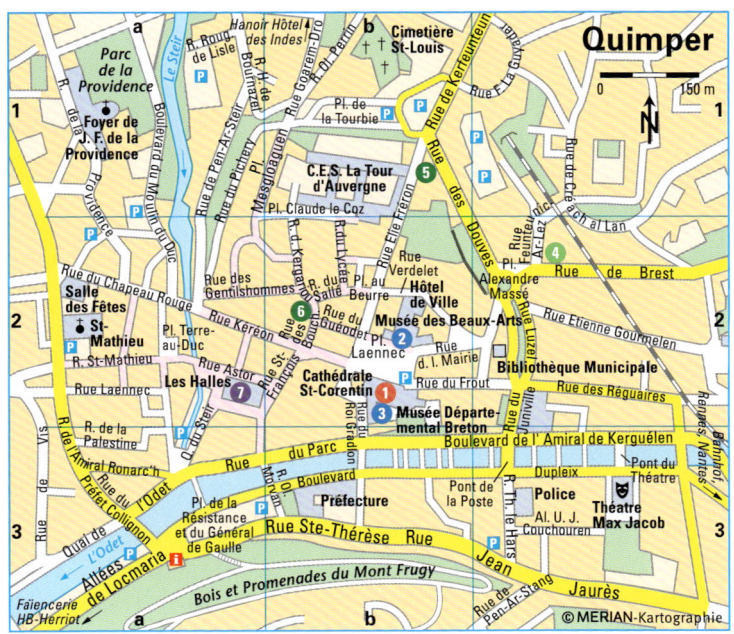

Die Herstellung von Steingut hat in Quimper eine lange Tradition. Die poröse, feinkörnige Ware wird in der Fayencerie HB-Henriot (▶ S. 105) noch immer mit Pinseln von Hand dekoriert.

maligen Renaissancepalast der Bischöfe von Cornouaille zu bestaunen.

1, rue du Roi Gradlon | www.museede partementalbreton.fr. | Juni–Sept. 9–18, sonst tgl. außer Mo und So vormittags 9–12, 14–17 Uhr | Eintritt 5 €, Kinder 3 €

ÜBERNACHTEN
4 Gradlon 👪

Haus mit Garten – Das kleine Hotel verfügt über einen gemütlichen Salon und einen ruhigen Garten. Zum Frühstück gibt es hausgemachte Crêpes und Croissants. Komfortable Zimmer.

30, rue de Brest | Tel. 02 98 95 04 39 | www.hotel-gradlon.com | 20 Zimmer | ♿ | €€€

ESSEN UND TRINKEN
RESTAURANTS
5 L'Ambroisie ▶ S. 28

CAFÉS
6 Le Bistro à Lire 👪

Bei einem leckeren Café au lait nebenbei in Krimis, Kinder- und Kochbüchern herumstöbern – in diesem sympathischen Café mit den roten Wänden und Holztischen kein Problem. Es gibt ebenso einen kleinen Mittagstisch.

18, rue des Boucheries | Tel. 02 98 95 30 86 | Di–Fr 10–18, Sa 10–19 Uhr

EINKAUFEN
KULINARISCHES
7 Les Halles

Moderne Markthalle mit Fisch-, Delikatessen-, Obst- und Blumenständen. Wer noch »foie gras« oder gesalzene Butter braucht, findet sie hier bestimmt. Mittags auch leckere Baguette-Sandwiches.

16, quai du Steir | www.halles-cornouaille.com

MODE

Le Glazik ▶ S. 103, südwestl. a 3

Blousons, Hosen und originale Fischertrachten aus bretonischem Tuch werden hier seit dem Jahr 1928 geschneidert. Ein originelles Andenken!

9, rue du 19 mars 1962 | Mo–Fr 9–12.30, 13.30–18, Sa 9.30–12, 14–18.30 Uhr

WOHNEN

Fayencerie HB-Henriot
▶ S. 103, südwestl. a 3

In dem historischen Fachwerkhaus finden Keramikfans das komplette Angebot der ältesten Fayencemanufaktur der Bretagne. Typisch bretonische Motive zieren seit 1870 die Teller, Tassen, Schalen, Figuren etc., und bei der Führung durch die Werkstatt werden alle Produktionsschritte ausgiebig erklärt.

Place Béradier | www.hb-henriot.com | Führungen Mo–Sa 10.30, 11.30, 14, 15, 16 und 17 Uhr | Eintritt 5 €, Kinder 2,50 €

KULTUR UND UNTERHALTUNG

Semaines musicales

Großes Angebot an Barockmusik, Klassik und Jazz in den ersten drei Augustwochen an diversen Spielorten.

www.semaines-musicales-quimper.org | Gesamtticket 20 €, erm. 18 €

SERVICE

AUSKUNFT

Office de Tourisme Quimper

Place de la Résistance | Tel. 02 98 53 04 05 | www.quimper-tourisme.com

Ziele in der Umgebung

◎ **ÎLE DE SEIN** 🔖 B 3

500 Einwohner

Das letzte Stückchen Land vor der Weite des Atlantiks. Ein paar Menhire und ein Dolmen bei der Kirche erinnern noch an die Frühzeit des Menschen. Früher sagte man, die Bewohner dieses kargen baumlosen Eilands, die nie ganz autark waren, seien alles Strandräuber und Piraten. Heute brauchen die 500 Bürger wegen der schlechten Erwerbsbedingungen keine Steuern zu zahlen. Ein paar Boote dümpeln im Hafen, einige Fischer züchten Hummer, ein überschaubares, winziges Inselchen – doch im Sommer schlendern reichlich Tagesgäste in den Gassen von **Le Bourg**. Die Einsamkeit zieht an. Ein Boot fährt von Audierne hinüber zur Île de Sein.

62 km westl. von Quimper

ÜBERNACHTEN

Les Trois Dauphins

Schöner Meerblick – Alteingesessenes Hotel, winzig, aber mit urigem Restaurant. Spezialität sind das Hummerragout und Crêpes-Variationen. Kleine saubere Zimmer, einige mit Meerblick.

16, quai des Paimpolais | Tel. 02 98 70 92 09 | www.hoteliledesein.com | 7 Zimmer | €€

SERVICE

VERKEHR

Fähre

Die Ablegestelle der Fähre von Penn Ar Bed befindet sich 3 km außerhalb von Audierne. Fahrzeit: 70 Minuten.

Am Ende der Plage Sainte-Evette | Tel. 02 98 70 70 70 | www.pennarbed.fr

◎ **LOCRONAN** C 3

800 Einwohner

Blühende Geranien an grauen Granithäuschen aus dem 17. Jh., holpriges Kopfsteinpflaster, ein mächtiger Bergfried – eine historische Kulisse, die oft für Kino- und Fernsehaufnahmen herhalten darf. Dann aktiviert man auch die Guillotine auf der Grand Place vor den Augen der neugierigen Urlauber wieder, in Roman Polanskis Romanverfilmung »Tess« wurde Locronan zum typischen englischen Dorf.

Wollen Sie's wagen?

Die Felsen von Pen-Hir in Camaret auf der Halbinsel Crozon bilden den größten Kletterpark der Bretagne. Überwinden Sie Ihre Höhenangst und klettern Sie in den Felsen von Pen-Hir bis 70 m über dem Wasser und den Wellen und genießen Sie, oben angekommen, den Sonnenuntergang über der Iroise und dem Tas de Pois – ein unvergessliches Erlebnis!
Wassersportzentrum von Telgruc | Telgruc-sur-Mer | Tel. 02 98 27 33 83 | www.cntelgruc.fr

Der Ort war einst eine heilige keltische Stätte, bevor er Ende des 15. Jh. bis Mitte des 17. Jh. zur Hauptstadt der Segeltuchweberei wurde. Das Handwerk hat noch immer Tradition in dem Städtchen mit der hübschen Fußgängerzone. Heute arbeiten noch einige Kunst-

handwerker in Locronan, z. B. wird vor der Kirche gedrechselt. Höhepunkt des Jahres ist die 5 km lange Prozession Petite Troménie Mitte Juli, zu der zahlreiche Gäste und Pilger anreisen.
17 km nordwestl. von Quimper

ESSEN UND TRINKEN
Au Coin du feu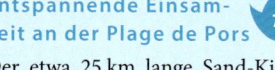
Nette Terrasse – Das gemütliche Lokal von Véronique und Michel liegt direkt am Ortseingang und hat auch eine Terrasse im Grünen. Auf der Karte sind Fisch und Fleisch vertreten, delikat sind etwa die Jakobsmuscheln oder das Steak mit Roscoff-Zwiebeln.
1, rue du Prieuré | Tel. 02 98 51 82 44 | www.coindufeu-locronan.com | tgl. geöffnet | €

EINKAUFEN
Savonnerie De Bretagne ▶ S. 40

KULTUR UND UNTERHALTUNG
Musique aux Étoiles
Festival mit klassischer und bretonischer Musik, Elektro und Chansons.
Im Ort | www.ciltlocronan.sopixi.fr | Karten auch beim Office de Tourisme | Juli und Aug.

SERVICE
AUSKUNFT
Office de Tourisme Locronan
Place de la Mairie | Tel. 02 98 91 70 14 | www.locronan-tourisme.com

◎ **POINTE DU RAZ** ⚑ B3
Spektakulärer als hier kracht das Meer nirgendwo gegen den europäischen Kontinent an: Die Wellen brechen an den kantigen Klippen, und die Fluten graben tiefe Spalten in die bizarre Fels-

---

Entspannende Einsamkeit an der Plage de Pors 7
Der etwa 25 km lange Sand-Kies-Strand, gegen den ein meist wild aufbrausendes Meer anbrandet, ist für einen kleinen, gemütlichen Spaziergang am Morgen ideal (▶ S. 15).

bastion. Das Gebiet um die westliche Landspitze der Halbinsel Sizun 72 m über dem Meer – den Kelten bedeutete sie das »Ende der Welt« – steht unter Naturschutz. Absolut zu empfehlen ist ein Spaziergang um das Kap. Auf einem Felspfad können sich Gäste nahe am Abgrund bis zur äußersten Spitze vorarbeiten, kürzere und längere Wanderungen sind hier ebenfalls möglich.

🕐 Bei Sturm die Landspitze besuchen, dann ist der Besucheransturm verschwunden – und zur Belohnung gibt es ein dramatisches Naturschauspiel. 57 km westl. von Quimper

ÜBERNACHTEN

De la Baie des Trépassés

Einzigartige Lage – In der »Bucht der Dahingeschiedenen« liegt an einem urwüchsigen Sandstrand mit zerklüfteten Felsen dieses kleine Hotel. Es lebt einfach von seiner spektakulären Lage, Ausspannen in aller Ruhe ist hier garantiert. Beeindruckende Spaziergänge bieten sich von dort in die Umgebung an. Die Zimmer sind klein, aber komfortabel. Das Restaurant mit Panoramablick serviert frische Meeresfrüchte wie Austern oder Langusten und viel Fisch. Plogoff | Baie des Trépassés | Tel. 02 98 70 61 34 | www.baiedestrepasses.com | 27 Zimmer | ♿ | €€€

SERVICE

AUSKUNFT

Maison de la Pointe du Raz et du Cap-Sizun

Das Informationszentrum organisiert geführte Wanderungen | Tel. 02 98 70 67 18 | www.pointeduraz.com | April–Sept. tgl. 10.30–18, Hochsaison bis 19 Uhr

Der Phare de la Vieille weist an der Pointe du Raz (▶ S. 106) auch bei stürmischer See den Schiffen den Weg. Vier Fünftel der bretonischen Küste werden von Wellen umspült.

DER SÜDEN

*Kilometerlange, breite Badestrände, mittelalterliche Städte,
rätselhafte Megalithen und Malerdörfer prägen diese Gegend.
Der Salzhandel, das »weiße Gold« von Guérande, sorgte
einst für Wohlstand bei der Bevölkerung.*

Die Bucht von La Baule gehört zu den schönsten Stränden des europäischen Atlantiks, aber auch zu den beliebtesten. Ein Urlaubszentrum mit viel Badetourismus erstreckt sich ebenso um die lang gezogene Halbinsel **Quiberon**, der Hochburg für Surfer. Im nahen **Carnac** kann man riesige Megalithfelder besuchen, hier zeugen Hunderte von Menhiren von der frühen Steinzeitbesiedlung der Bretagne. Später verliebten sich Künstler wie Paul Gauguin, Émile Bernard und Paul Sérusier in den Süden. Sie kamen immer wieder zum Malen in das kleine Küstenstädtchen Pont-Aven weiter nördlich an der Küste. Sehenswert ist auch **Concarneau** mit seiner befestigten Altstadt auf der winzigen Insel in der Hafenbucht, hier ankert die größte Fischereiflotte der Region. Auch dieser Ort hat attraktive Badestrände aufzubieten – ebenso wie die Küstenstädte Bénodet und Roscoff und die Gegend rund um Beg-Meil.

◀ In den Salinen von Guérande (▶ S. 112)
wird im Sommer feinstes Meersalz geerntet.

Reizvoll ist auch der Golfe du Morbihan. Île-aux-Moines und Île d'Arz eignen sich gut zum Wandern oder für einen Segeltörn. Kontrastreich zeigt sich die mittelalterliche Stadt **Vannes** mit ihren alten Fachwerkhäusern und schmalen Gassen, den Parks und der Stadtmauer. Auch das malerische **Auray** dokumentiert die historische Bedeutung dieser Region. Von mehreren Küstenorten fahren Boote die vorgelagerten Inseln an – wie die beliebte Belle-Île **9**.

SALZ UND TORF

Über Jahrhunderte verdienten die Menschen an der Küste ihr Geld mit der Salzgewinnung. Bis heute ernten in der Nähe der Salzmetropole **Guérande** in der größten Saline des Landes die »paludiers« das Salz in mühevoller Handarbeit. Urlauber können es direkt vor Ort kaufen.
Im Hinterland lockt der verwunschene, von Kanälen durchzogene Naturpark **Grande Brière** – melancholisch und märchenhaft. Das 40 000 ha große Naturreservat lässt sich hervorragend mit einer Barke erkunden. Jahrhundertelang wurde hier gewinnbringend Torf abgebaut.

LA BAULE ◢ F 6

16 400 Einwohner

Auch wenn es streng genommen schon zur Region Pays de la Loire gehört, ist der große Badeort bei Bretagne-Gästen sehr beliebt. La Baule ist ein Seebad der Superlative mit bis zu zehnstöckigen Appartement- und Hotelanlagen sowie einer Übernachtungskapazität, die die anderen Badeorte der Region übersteigt; dazu eine endlose Promenade mit einem 12 km langen Sandstrand und viel Animation. Einige Ferienvillen im Kolonialstil zwischen hohen Pinien sind in zweiter und dritter Reihe zum Strand übrig geblieben. Rund 40 Sportclubs halten die Urlauber fit. Wer in der Hochsaison ein ruhiges Plätzchen sucht, sollte besser in die Badeorte in der Umgebung fahren. Mittlerweile ist La Baule mit seinen Nachbarorten **Le Pouliguen** und **Pornichet** zusammengewachsen. Das Zentrum liegt unterhalb des Bahnhofs La Baule-Escoublac mit großzügigen Avenuen, schicken Geschäften und einem offenen Marktgelände. Fast wie an der Côte d'Azur.

ÜBERNACHTEN

Saint-Christophe

Haus mit Geschichte – Eine sehr freundliche Adresse aus dem Jahr 1913, den Anfängen des Tourismus. Das Hotel ist schön ruhig gelegen und besitzt eine Gartenterrasse. Moderne Zimmer, einige mit Balkon. Chefkoch Grégoire Jouslin serviert frische Meeresfrüchte. Zum Strand sind es etwa 150 m.

1, avenue des Alcyons | Tel. 02 40 62 40 00 | www.st-christophe.com | 45 Zimmer | €€

Villa Cap d'Ail 👪

Schöne Gartenanlage – Das komplett renovierte Hotel aus der Gründerzeit verfügt ebenfalls über einen romantischen Garten mit vielen Palmen. Die Zimmer sind modern und individuell eingerichtet. Gutes Frühstück. Das Haus liegt ca. 200 m vom Strand entfernt.

145, avenue de Lattre de Tassigny | Tel. 02 40 60 29 30 | www.villacapdail.com | 22 Zimmer | €€

ESSEN UND TRINKEN

La Terrasse 👪

Hervorragende Küche – Das Sterne-Restaurant gehört zum Luxushotel Hermitage Barrière. Chef Robert Becerril überzeugt mit einer raffinierten Cuisine. Eine Spezialität des Hauses: »saumon en croûte de sel de Guérande« (Lachs mit Salzkruste).

5, esplanade Lucien-Barrière | Tel. 02 40 11 46 46 | www.lucienbarriere.com | €€€

SERVICE

AUSKUNFT

Office de Tourisme La Baule

Das Büro organisiert Bus- und Bootsrundfahrten, ebenso Feste und Konzerte in der Saison.

8, place de la Victoire | Tel. 02 40 24 34 44 | www.labaule.fr

Ziele in der Umgebung

◎ BATZ-SUR-MER 🏖 F 6

2700 Einwohner

Stolz überragt der 60 m hohe Glockenturm der Kirche von Saint-Guénolé die alte Stadt der Salzbauern, die bis vor 250 Jahren noch auf einer Insel lag. Seit vielen Generationen ernten die Bauern in den angrenzenden »marais salants« das »weiße Gold« per Hand – eine anstrengende Arbeit. Täglich bringt die Flut durch ein raffiniertes System von Kanälen Nachschub in die Becken, bis die Arbeiter das Salz mit viel Umsicht zusammenrechen können.

Besucher beobachten diese mühevolle Handarbeit am besten bei einer Radtour durch die fotogenen Salinen. Am Wegesrand bieten die Bauern Salz, aber auch eingelegtes Salicorn an. Letzteres ist ein hier wachsender Meeresspargel.

10 km westl. von La Baule

MUSEEN UND GALERIEN

Musée Intercommunal des marais salants

Die Ausstellung widmet sich dem Leben der Salzbauern – und man kann unschwer erkennen, dass sich in der Technik der Salzgewinnung bis heute nicht viel verändert hat.

29, rue Pasteur | tgl. 10–12.30, 14.30–19, Nebensaison Sa, So 10–12, 14–18 Uhr | Eintritt 4 €

EINKAUFEN

KULINARISCHES

Aux Gourmandises du Marais

Hier findet man ein exzellentes Angebot an Salz vor, es sind aber auch andere regionale Produkte erhältlich.

9, rue Olivier Guichard (1 km außerhalb des Orts Richtung Pouliguen)

Das Zentrum von Le Croisic (▶ S. 111) erstreckt sich entlang der geschützten Nordseite einer Landzunge zum offenen Atlantik. Die Kaistraße säumen einladende Cafés und Restaurants.

MODE

La Maison du Sabot

Originelle Souvenirs: Vom bretonischen Holzschuh (»sabot«) über edlere Varianten bis zu gemütlichen Pantoffeln gibt es hier bequemes Schuhwerk.

5, rue des Étaux | www.lamaisondu sabot.fr

◎ LE CROISIC ⚑ F 6

4400 Einwohner

Anfang des 16. Jh. war die Stadt auf einer Landzunge ein wichtiger Fischer- und Kriegshafen: Die geschäftstüchtigen Croisicais hatten jahrhundertelang als Seeräuber oder Reeder die Kontrolle über die Einfahrten in die Mündungen von Loire und Vilaine. Noch immer erinnern die mächtigen Kapitänshäuser mit den schmiedeeisernen Balkonen auf der langen Hafenpromenade an diese Zeit. Auch die Fischer bringen hier täglich noch ihren Fang in den Hafen. Mit der Ebbe beginnt für die Muschelzüchter die Arbeit auf dem weiten Watt vor der Stadt. An der Kaistraße finden Gäste einige Restaurants und Cafés.

12 km westl. von La Baule

SERVICE

AUSKUNFT

Office de Tourisme Le Croisic

6, rue du Pilori | Tel. 02 40 23 00 70 | www.tourisme-lecroisic.fr

VERKEHR

Bootstouren

Die »Toison d'Or« bietet Angeltouren und Ausflüge mit professionellen Fischern entlang der Côte d'Amour an.

21, rue Croix de la Paix | Tel. 06 87 15 70 32 | www.toison.fr | Mai–Sept.

◎ GUÉRANDE ◢F 6

15 700 Einwohner

Neben den berühmten, 2000 ha großen Salinen unweit der Stadt ist auch
die Altstadt, umgeben von einem Ver-
teidigungsring aus dem 15. Jh., sehr
sehenswert. Die mittelalterliche Ville
Close mit ihren malerischen, engen
Gassen ist im Sommer ein beliebtes Ur-
laubsziel (den Wagen am besten außerhalb parken). Und ein Spaziergang oder
eine Radtour durch die Salzsümpfe von
Guérande gehört einfach dazu.

6 km nördl. von La Baule

MUSEEN UND GALERIEN

Musée de la Poupée 👫

Wer Spaß an historischen Puppen hat,
sollte sich dieses Museum anschauen.
Über 300 Puppen, Schaukelpferde und
Zubehör werden gezeigt.

23, rue de Saillé | April–Sept. tgl. 10–13,
14.30–19 Uhr

ESSEN UND TRINKEN

Gout'Thé 👫

Eine originelle Teestube und für Liebhaber des heißen Getränks ein Para-
dies: Hier können Sie Teesorten aus der
ganzen Welt – von Südafrika bis La-
teinamerika – probieren, ein gemütliches Schlürfen in der Stube oder im
urigen Garten. Außergewöhnliches wie
z. B. der schokoladengegrillte Mate-Tee
steht auch zum Verkauf bereit.

30, rue de Saillé

SERVICE

AUSKUNFT

Office de Tourisme Guérande

1, place du Marché-au-Bois | Tel. 08 20 15
00 44 | www.ot-guerande.fr

Concarneaus Altstadt (▶ S. 113), die Ville Close, liegt auf einer Insel und ist seit dem 14. Jh. von
einer Festungsmauer umgeben, die zu einem romantischen Spaziergang einlädt.

◎ LA ROCHE-BERNARD ◢ G 5

760 Einwohner

Ihr Auto parken Sie am besten am Hafen und gehen über die Serpentinen in die Oberstadt hinauf, wenn Sie dieses Dorf auf einem Felsen über der Vilaine besuchen. Bereits die Wikinger wussten um die Vorteile von La Roche-Bernard und kontrollierten auf diese Weise die Wasserwege. Die Häuser rund um die Place du Bouffary erinnern an die Zeit, als der Ort noch an der Salzstraße nach Guérande lag und die Reedereien in Wohlstand lebten.

30 km nördl. von La Baule

MUSEEN UND GALERIEN

Musée de la Vilaine Maritime

Die Ausstellung gibt anhand von alten Fotos, Grafiken und einer Diashow Einblicke in den harten Alltag der Seeleute im 17. und 18. Jh. und in die Geschichte des Städtchens.

Château des Basses-Fosses | in der Saison tgl. 10.30–12.30, 14.30–18.30 Uhr

SERVICE

AUSKUNFT

Office de Tourisme La Roche-Bernard

14, rue du Dr-Cornudet | Tel. 02 99 90 67 98 | www.tourisme-pays-la-roche-bernard.fr

CONCARNEAU ◢ C 4

18 600 Einwohner

Die komplett ummauerte **Ville Close** im Becken des Hafens mit seinen eleganten Segelbooten ähnelt einer schwimmenden Festung. In den Sommermonaten besuchen Tausende von Gästen die kleine Altstadt mit den engen Gassen, in denen Restaurants, Crêperien und Souvenirläden zum Verweilen einladen. Ein Spaziergang auf den Stadtmauern ermöglicht einen guten Überblick über die rund 1000 Jahre alte Anlage in der geschützten Bucht. Das frühere Château sicherte im Mittelalter die Stadt zum offenen Meer, den Eingang riegelte eine kleine Zugbrücke ab. Der Festungsbaumeister Vauban ließ zu Zeiten des Sonnenkönigs Ludwig XIV. Kanonen auf den Dächern der Wehrtürme anbringen.

Noch immer lebt die Stadt an der »Ecke der Cornouaille« überwiegend von der Fischerei: Concarneau ist der zweitgrößte Fischereihafen des Landes, beim Thunfisch liegt er sogar an der Spitze. Die Flotte umfasst 36 Schiffe mit rund 900 Seeleuten. Ein Erlebnis sind die frühmorgendlichen Versteigerungen (»criées«) der Meeresfrüchte in der großen Auktionshalle am Quai Carnot, die Händler halten sie teilweise auf Bretonisch ab. Sandstrände mit Wassersportzentren sind parallel zur Küstenstraße zu finden, die attraktiveren Badebuchten liegen aber im nahen Beg-Meil, in Cap-Coz oder Bénodet.

MUSEEN UND GALERIEN

Musée de la Pêche 👫

Alles dreht sich in dem alten Arsenal um den Fischfang und die Rolle der Stadt in dieser Branche. Neben einem Aquarium mit 40 Becken (Highlight: der Quastenflosser) sind viele Schiffsmodelle und verschiedene Netzarten zu besichtigen. Die echten Klassiker gibt es direkt vor der Stadtmauer. Ein bemerkenswertes Museum.

3, rue Vauban | www.musee-peche.fr | Feb.–Okt. 10–12.30, 14–18, Juli, Aug. 9.30–19 Uhr | Eintritt 5 €, Kinder 3 €

ÜBERNACHTEN

Le Ker Moor

Strandlage – Wunderschön maritim eingerichtet sind die Zimmer des kleinen Hotels direkt an der Plage des Sables Blancs: Bullaugen, Fenster und Stufen eines Schiffes haben hier eine neue Heimat gefunden. Alle Unterkünfte haben einen Blick aufs Meer, teilweise auch einen Balkon über dem Strand.

37, rue des Sables Blancs | Tel. 02 98 97 02 96 | www.hotel-kermor.com | 11 Zimmer | €€€

SERVICE

AUSKUNFT

Office de Tourisme Concarneau

Das Büro bietet u. a. Ausflüge und Besuche von »criées« und Fischerbooten.

Quai d'Aiguillon | Tel. 02 98 97 01 44 | www.tourismeconcarneau.fr

Ziele in der Umgebung

◎ BEG-MEIL, CAP-COZ UND MOUSTERLIN　　C4

Rund 15 feine, kilometerlange Sandstrände mit teilweise hohen Dünen, Pinien und felsigen Abschnitten finden Gäste in den kleinen Badeorten der Gemeinde **Fouesnant**. Gerade Beg-Meil hat sich zu einem lebendigen Urlaubsort entwickelt. Stichstraßen führen dicht ans Meer, ruhige Badebuchten sind in Laufentfernung zu erreichen, und Großhotels sind hier noch ein Fremdwort. Camping rangiert dafür in der Beliebtheit ganz oben.

Die Gegend um den Ort Fouesnant rühmt sich des besten Cidres der ganzen Bretagne, gefeiert wird er am dritten Juliwochenende bei der trachtenreichen **Fête des Pommiers**.

15 km westl. von Concarneau

Das denkmalgeschützte Fort Cigogne auf den Glénan-Inseln (▶ S. 115) wird heute von einer Segelschule genutzt. Im Vordergrund der Dünenstreifen zwischen Saint-Nicolas und Bananec.

SERVICE
AUSKUNFT
Office de Tourisme Foesnant
4, espace Kernévéleck | Tel. 02 98 51
18 88 | www.tourisme-fouesnant.fr

◎ BÉNODET  C 4
3450 Einwohner
Das hübsche Seebad liegt an der Mündung des Flusses Odet und besitzt zahlreiche Hotels und Restaurants sowie ein Thalassozentrum. Der mondäne Jachthafen, die Palmen und opulenten Blumengärten vermitteln beinahe ein südfranzösisch-mediterranes Ambiente. Optimal für Aktivurlauber ist die lange Sandlagune am Ortsende. Der Odet hingegen eignet sich gut für Liebhaber einer romantischen Flussfahrt.
20 km westl. von Concarneau

SERVICE
AUSKUNFT
Maison du Tourisme Bénodet
Vermittelt u. a. Odet-Flussfahrten.
29, avenue de la Mer | Tel. 02 98 57
00 14 | www.benodet.fr

◎ ÎLES DE GLÉNAN C 4
Feine Strände umsäumen die flachen Inseln und Mini-Eilande, von denen einige in Privatbesitz sind. Die Insel Giautec ist hingegen ein Vogelreservat. Südsee-Flair kann hier bei Segeltörns oder Tauchgängen aufkommen.
25 km südl. von Concarneau

ESSEN UND TRINKEN
Les Viviers des Glénan
Direkt am Strand – Das einzige Restaurant der Hauptinsel Saint-Nicolas, und es liegt wunderschön an einer kleinen Bucht. Spezialitäten: Meeresfrüch-

te und viel Fisch direkt von der Küste. Besser vorher reservieren!
Fouesnant | Tel. 02 98 50 68 90 | €

SERVICE
VERKEHR
Bootsausflug
Die Gesellschaft Vedettes de l'Odet hat ein Kompaktpaket mit Stopp auf Saint-Nicolas und einer Kajaktour zu den Îles de Glénan im Programm.
Bénodet | 2, avenue de l'Odet | Tel. 02 98 57 00 58 | www.vedettes-odet. com | Ticket 34 €, Kinder 18 €

◎ PONT-AVEN D 4
3000 Einwohner
Der kleine Hafenort im Tal des Aven wäre wohl nie so bekannt geworden, wenn nicht vor über 100 Jahren so bedeutende Künstler wie Paul Gauguin, Émile Bernard und Paul Sérusier hier gemalt hätten (▶ S. 122). Im romantischen **Bois d'Amour** können Gäste auf den Spuren von Gauguin wandeln oder die Kapelle **Trémalo** besuchen, in der er sich zu seinem Bild »Der gelbe Christus« inspirieren ließ. Einige Galerien versuchen vom Namen der »Stadt der Maler« zu profitieren, Delikatessenläden bieten typisch bretonische Spezialitäten an. An den Ufern des Aven drehten sich früher 14 Mühlen, eine davon ist nun das gediegene Hotel-Restaurant **Le Moulin de Rosmadec** geworden.
15 km östl. von Concarneau

MUSEEN UND GALERIEN
Rund 80 Galerien und mehr oder weniger talentierte Maler haben sich in Pont-Aven niedergelassen. Marinemalerei, bretonische Landschaftsmotive sowie zeitgenössische Kunst sind vertreten.

Musée des Beaux-Arts

Das Museum präsentiert einige Bilder der Malerschule von Pont-Aven, dazu gesellen sich Fotografien aus dieser Zeit im Fischerdörfchen.

Place de l'Hôtel de Ville | www.musee pontaven.fr | bis Ende 2015/Anfang 2016 wegen Umbau geschl.

ESSEN UND TRINKEN
La Taupinière ▶ S. 29

EINKAUFEN
WOHNEN
Idees

Das Geschäft hat Interessantes rund um die Inneneinrichtung in seinem Sortiment: von Küchenmöbeln und Sofas über afrikanische Wandteppiche und Zeichnungen bis zu Kissenbezügen und moderner Keramik.

4 und 6, rue Émile Bernard | www.idees. fr | Di–Sa 9–12.30, 14–19, So 11–12.30, 15–19 Uhr

SERVICE
AUSKUNFT
Office de Tourisme Pont-Aven

5, place de l'Hôtel de Ville | Tel. 02 98 06 04 70 | www.pontaven.com

⭐ CARNAC  E5
4200 Einwohner

Die Megalithreihen, die sich nördlich des Städtchens entlangziehen, zählen zu den rätselhaftesten Zeugnissen der frühen Menschheitsgeschichte. In **Carnac-Plage**, an der Baie de Quiberon, tummeln sich hingegen die Villen im Kolonialstil. Hotels und Ferienhäuser zwischen Pinien und ein langer, weißer Sandstrand erfreuen die Badefreunde. Am Ortsrand liegt der hübsche Weiler

Saint-Colomban mit seinen alten Granithäuschen und einer Renaissancekapelle aus dem 16. Jh.

SEHENSWERTES
Megalithfelder

2792 Hinkelsteine (laut Zählung) sind über drei große Alignements nördlich von Carnac verteilt. Die Steinalleen von Ménec, Kermario und Kerlescan dehnen sich über etwa 4 km aus. Die **Maison des Mégalithes** an der Zufahrtsstraße organisiert Führungen.

www.carnac.monuments-nationaux.fr | Okt.–März frei zugänglich, April–Sept. nur mit Führung | Eintritt 6 €, Kinder 5 €

Tumulus Saint-Michel

Der 7000 Jahre alte Grabhügel gehört zu den größten der Megalithepoche. Auf 125 m Länge und 60 m Breite liegen zwei Grabkammern, das eines Fürsten sowie seines Personals, und mehrere Steinkistengräber. Der Tumulus, auf dessen Gipfel die Kapelle Saint-Michel und ein Steinkreuz thronen, wurde 1862 vom Archäologen René Galles gefunden.

Am nördl. Ortsrand

MUSEEN UND GALERIEN
Musée de Préhistoire

Das hervorragende Museum ist eines der bedeutendsten zum Thema Frühzeit. 450 000 Jahre Geschichte, von der Altsteinzeit bis zur gallo-romanischen Epoche, werden hier im Zeitraffer sehr anschaulich beleuchtet. Alle wichtigen archäologischen Funde können historisch Interessierte hier finden.

10, place de la Chapelle | www.museede carnac.com | April–Juni, Sept. Mi–Mo 10–12.30, 14–18, Okt.–März nur bis 17, Juli, Aug. tgl. 10–18 Uhr | Eintritt 6 €, Kinder 2,50 €

Die Heimat der »Hinkelsteine«: Rund 3000 Menhire ragen in der Megalithanlage von Carnac
(▶ MERIAN TopTen, S. 116) aus dem Boden. Sie geben Archäologen nach wie vor Rätsel auf.

ÜBERNACHTEN

Le Tumulus

Haus mit Geschichte – Im Jahr 1900 erbaut, sticht die großbürgerliche Ferienvilla am Fuß des Tumulus von Saint-Michel in Carnac-Ville hervor. Das Hotel mit Pool in der schönen Gartenanlage besitzt einen Spa-Bereich mit Jacuzzi und Hamam. Das Restaurant, das auf Fisch spezialisiert ist, hat einen tollen Blick in den Garten. Die Zimmer sind gemütlich, hell und komfortabel. 31, chemin du Tumulus | Tel. 02 97 52 08 21 | www.hotel-tumulus.com | 23 Zimmer | ♿ | €€€

SERVICE

AUSKUNFT
Office de Tourisme Carnac
74, avenue des Druides | Tel. 02 97 52 13 52 | www.ot-carnac.fr

Ziele in der Umgebung

◎ BELLE-ÎLE-EN-MER ⭐ E 6

4500 Einwohner

Die größte bretonische Insel zählt zu den bevorzugten Reisezielen in der Region. Trotzdem können Gäste die 17 km lange Insel mit dem Rad an einem Tag ohne Probleme erkunden. Die schönsten geschützten Buchten liegen im

Nordosten, feinster Sand erfreut die Badefreunde an der Plage des Grands Sables. Bizarre Felsformationen erwarten Gäste bei Port-Coton, Port-Donnant und bei der Apothekergrotte. Boote setzen von Le Palais aufs Festland über.

🕐 Wer es sich einrichten kann, kommt im Frühjahr oder Herbst. Die Monate Juli und August sind etwas überlaufen.

35 km südl. von Carnac

ÜBERNACHTEN

La Villa Pen Prad

Romantischer Garten – Das kleine, 2014 komplett renovierte »chambres d'hôtes« auf der »Schönen Insel« besticht mit seinem romantischen Garten samt Terrasse und der Lage direkt über der hübschen Bucht von Sauzon. Die Gäste haben aus den geschmackvoll eingerichteten Zimmern einen außergewöhnlichen Panoramablick über den Hafen des Ortes. Die Besitzer Nicolas und Perrine Gaillard bieten ein nettes Frühstück mit ausgezeichneten Marmeladen. Guter, freundlicher Service. In Laufentfernung liegen Crêperien, Lokale und Geschäfte. Wer auf der Suche nach einem kleinen, familiären Haus ist, der liegt hier genau richtig. Sauzon | Rue du Chemin Neuf | Tel. 06 49 41 71 43 | www.villapenprad.com | 3 Zimmer und 2 Suiten | ♿ | €€€

Rummel an der Grande Plage von Quiberon ⑧

Der Hauptstrand des Ortes ist gesäumt vom Strandboulevard mit vielen Cafés, Geschäften und Restaurants – bretonisches Savoir-vivre in seiner Reinform (▶ S. 15).

SERVICE

AUSKUNFT

Office de Tourisme Belle-Île
Le Palais | Quai Bonnelle | Tel. 02 97 31 81 93 | www.belle-ile.com

VERKEHR

Fähre
Compagnie Océane | Ablegehafen Quiberon, Port Maria (Gare maritime) | Tel. 08 20 05 61 56 | www.compagnie-oceane.fr

◎ **LOCMARIAQUER** E 5

1200 Einwohner

Die Halbinsel im Golf von Morbihan war eine beliebte Begräbnisstätte vorgeschichtlicher Sippenchefs. Beeindruckende Dolmen wie die **Table des Marchands**, ganz in der Nähe des Badeortes Locmariaquer, zeugen von der Bedeutung der Halbinsel im Totenkult der Megalithiker. Recht imposant ist auch der gewaltige **Grand Menhir**.

9 km östl. von Carnac

◎ **QUIBERON** E 5

4600 Einwohner

Die Urlauber zieht es im Sommer an die traumhaften breiten Sandstrände der schmalen Halbinsel, die ein Topziel für Brandungssurfer ebenso wie für Anfänger auf dem Brett darstellt. Und bei der Ebbe werden die Strandsegler auf den weiten Sandflächen aktiv. Der Westen mit der wilden Côte Sauvage, den steilen Klippen und kleinen Grotten und Bögen eignet sich hervorragend für lange Küstenspaziergänge.

In dem hübschen Örtchen **Saint-Pierre-Quiberon** mit den Granithäusern und blauen Fensterläden herrscht immer noch bretonische Provinzatmosphäre. Vom Hafen legen Boote zu vorgelagerten Inseln wie Belle-Île ab.

17 km südl. von Carnac

ÜBERNACHTEN

Sofitel Thalassa

Thalassoanwendungen – Das Luxushotel verfügt über drei Restaurants, ein Meerwasserhallenbad, ein Thalassotherapiezentrum und einen Park. Optimal, um die Meerwassertherapie einmal auszuprobieren. Die Hälfte der Zimmer hat Meerblick.

Pointe de Goulvars | Tel. 02 97 50 48 88 | www.thalassa.com | 129 Zimmer und Suiten | ♿ | €€€

ESSEN UND TRINKEN

Crêperie Pourlette ▶ S. 28

EINKAUFEN

Dépôt-Vente de la Presqu'île ▶ S. 40
La Maison d'Armorine ▶ S. 40

SERVICE

AUSKUNFT
Office de Tourisme Quiberon

14, rue de Verdun | Tel. 02 97 50 07 84 | www.quiberon.com

VANNES ⚑ F 5

Stadtplan ▶ S. 120
45 000 Einwohner

Die Gassen der »Ville d'Art et d'Histoire« mit ihren malerischen Fachwerkfassaden und der beeindruckenden Kathedrale Saint-Pierre ziehen im Sommer viele flanierende Urlauber wie auch Straßenmusikanten an. Wie zu früheren Zeiten liegen die Segeljachten dicht an dicht direkt vor dem Stadttor. Innerhalb der mittelalterlichen Stadtmauer geht's lebendig zu: gemütliche Restaurants, kleine Boutiquen und quirlige Märkte. Sehenswert ist auch das schiefergedeckte Waschhaus (Anfang 19. Jh.) am Ufer der Marle. Von Vannes sind die attraktiven Ausflugsziele am Golfe du Morbihan schnell zu erreichen, auch per Boot beim Parc du Golfe.

SEHENSWERTES

① Cathédrale Saint-Pierre

Über 600 Jahre lang wurde an der vorwiegend spätgotischen Kathedrale gebaut. Die aus dem Kirchenschiff herausspringende Seitenkapelle (1536–1537) ist eines der seltenen Renaissancebauwerke in der Bretagne. Verehrt werden hier die Reliquien des hl. Vinzenz, eines katalanischen Dominikanermönchs.

MUSEEN UND GALERIEN

② Musée des Beaux-Arts

In den alten Markthallen La Cohue herrschten bis 1840 die Händler, vor allem die Metzger, und zur Zeit der Revolution fällten hier die Jakobiner ihre blutigen Urteile. Heute werden in dem renovierten Gebäude neben Radierungen, Gemälden und Skulpturen aus dem 19. Jh. auch Kunstgegenstände und Möbel präsentiert, darüber hinaus gibt es Wechselausstellungen.

Place Saint-Pierre | Juni–Sept. tgl. 10–18, Mitte Sept.–Juni tgl. 13.30–18 Uhr | Eintritt 4,50 €

③ Musée d'Histoire et d'Archéologie

Das Château Gaillard unterhält die interessanteste prähistorische Sammlung der Bretagne mit Funden der Ausgrabungen in Locmariaquer und Carnac.

2, rue Noë | Mitte Juni–Sept. tgl. 10–18 Uhr | Eintritt 6,30 €

ÜBERNACHTEN

Le Qualys Hotel & Spa

▶ S. 120, nordwestl. a 1

Wellnessbereich – Das Hotel verfügt über modern und schlicht eingerichtete Zimmer. Spa-Freunde können sich im Wellnessbereich mit weitläufigem Hamam und beheiztem Indoor-Pool entspannen. Im Fitnessraum lassen sich die Muskeln gut trainieren. Das Hotel bietet eine gemütliche Bar sowie ein Frühstücksbüfett. Ganz in der Nähe liegen eine Crêperie, Pizzeria und Brasserie, die den Hotelgästen 10 % Ermäßigung offerieren. Das Hotel ist ca. 3 km vom historischen Zentrum entfernt.

12, rue Henri Navier | Tel. 02 97 69 57 90 | www.qualyshotel-vannes.com | 84 Zimmer | ♿ | €€€

ESSEN UND TRINKEN

RESTAURANTS

A l'Aise Breizh

▶ S. 120, südl. b 3

Mitten im Hafen – Restaurant, Brasserie und Bar, untergebracht in einem modernen hölzernen Kubus, und eine tolle Terrasse mitten im Jachthafen. Tagsüber werden Cocktails serviert, in den Abendstunden kommen Fleisch- und Fischmenüs auf den Tisch.

4, rue du Commerce | Tel. 02 97 68 15 89 | www.alaisebreizhcafe.com | €

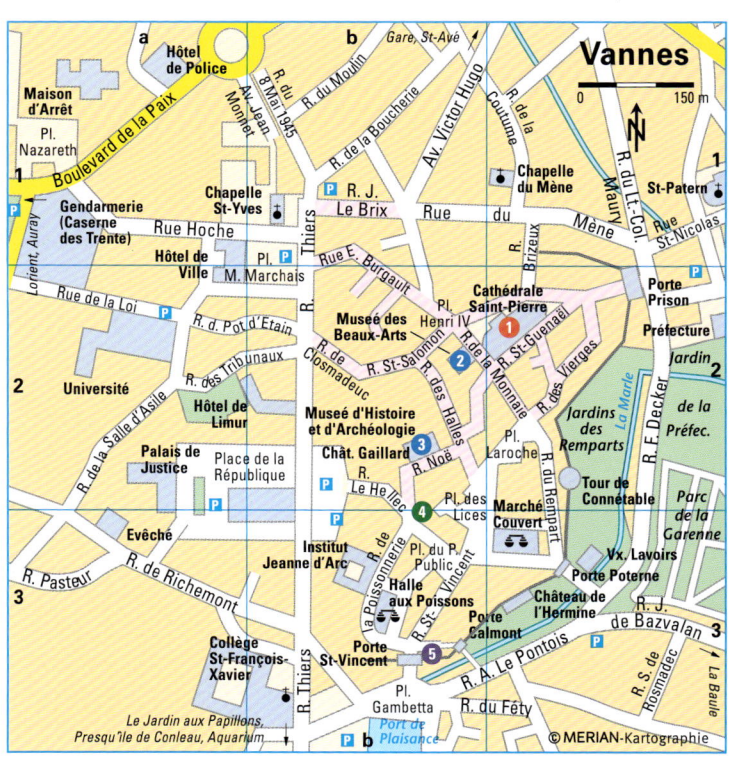

4 Di'Vin

Kleine, feine Karte – Mitten in der Ville Close liegt das gemütliche Restaurant. Feine Fisch- und Fleischkarte.

15 bis, rue Noé | Tel. 02 97 47 82 19 | www.restaurant-divin-vannes.fr | €

EINKAUFEN

KULINARISCHES

5 Le Dréan

Im Herzen der Ville Close hat gerade eine zweite Filiale der alteingesessenen Bisquiterie eröffnet. Sie bietet eine große Auswahl an Keksen, Kuchen, Honig und Marmelade aus der Region an. Die hausgemachten Produkte werden hergestellt mit Butter aus Quimper, Salz aus der Guérande, bretonischem Mehl, Eiern aus dem Golfe du Morbihan – und Zucker von der Insel La Réunion.

8, rue Saint-Vincent | Tel. 02 97 68 97 15 | www.ledrean.com | Di–Sa 10–12, 14–19 Uhr

WOHNEN

Atelier Terre Libre ▶ S. 120, nördl. b 1

Marie-Laure Juguet fertigt außergewöhnliche Keramiken und organisiert Wechselausstellungen.

134, avenue du 4 Août 1944 | www.atelier-terre-libre.com | Mi–Fr 9.30–12.30, 14–18, Sa 10–12.30, 14.30–19, So 10–12.30 Uhr

AKTIVITÄTEN

École des Desserts ▶ S. 120, südöstl. c 3

Einer der besten Gastronomen Frankreichs, Alain Chartier, verrät bei seinen Dessert-Kochkursen Tricks, wie die süßen Delikatessen kinderleicht gelingen. Frühzeitig anmelden!

Theix (13 km von Vannes entfernt) | 4, rue Ampère | www.ecoledesdesserts.com | Ticket 70 €

SERVICE

AUSKUNFT

Office de Tourisme Vannes Golfe du Morbihan

Quai Eric Tabarly | Tel. 08 25 13 56 10 | www.tourisme-vannes.com

Ziele in der Umgebung

◎ **GOLFE DU MORBIHAN** ⚑ 🌊 E/F 5

Seit Ende 2014 ist der Golf von Morbihan als regionaler Naturpark Frankreichs ausgezeichnet. Zahlreiche Flugenten, Seeschwalben, Kormorane und Stelzenvögel leben im Golf, der eines der größten Vogelreservate des Landes ist. Auf Bretonisch bedeutet der Name »kleines Meer« – 42 Inseln sind wie grüne Flecken im azurblauen Wasser verstreut. Eine Bootsrundfahrt ist der beste Einstieg, um von den vielfältigen Facetten des Golfs einen guten Eindruck zu bekommen. Fähren starten von Port-Blanc alle 30 Minuten zur Île-aux-Moines wie auch zur Île d'Arz mit ihrer bekannten Segelschule. Die Überfahrt dauert etwa 15 bis 20 Minuten.

Südl. von Vannes

SERVICE

VERKEHR

Bootsausflug

Empfehlenswert ist beispielsweise die in Port-Blanc oder Larmor-Baden beginnende große Rundtour von Izenah Croisières mit Picknick und Aufenthalten auf den Inseln Île d'Arz oder Île-aux-Moines, auf denen Sie sich an den Anlegestellen auch Fahrräder ausleihen können. Auf der Île d'Arz ist eine bekannte Segelschule ansässig.

Port Blanc | Promenade commentée | Tel. 02 97 26 31 45 | www.izenah-croisieres.com | Ticket 21 €, Kinder 10 €

Im Fokus
Die Maler in der Bretagne

Verbesserte Straßen und neue Eisenbahnstrecken
erleichtern in der Bretagne ab dem 19. Jh. das Reisen.
So verlassen in den Sommermonaten immer mehr Künstler
ihre Pariser Ateliers auf der Suche nach neuen Motiven.

Die buchstäblich malerischen Küstenlandschaften, die erstaunliche Helligkeit, das Blau des Meeres und die gelb-grünen Heideflächen in der Bretagne begeistern Paul Gauguin, Claude Monet, Auguste Matisse und viele andere. Der Impressionist Gauguin entdeckt das pittoreske Mühlendorf Pont-Aven und das benachbarte Le Pouldu für sich.

DIE ERSTE MALERKOLONIE DER BRETAGNE

»Als Paul Gauguin im Jahr 1886 nach Pont-Aven kommt, verbringen bereits viele amerikanische und englische Maler ihre Sommer in dem kleinen Hafenort«, weiß Lionel Jacq vor der Büste des Malers am Rathausplatz in Pont-Aven zu erzählen. Der charmante Bretone führt seit gut zwei Jahrzehnten kunstinteressierte Besucher durch die damals erste Malerkolonie seiner Heimat. Das Leben in der Bretagne sei für die Städter im 19. Jh. spottbillig und ohne großstädtische Ablenkung gewesen. »Und die Bretonen waren unverdorben und liebten die Natur.«

◄ Paul Gauguins Gemälde »Vision nach der
Predigt« (► S. 124) aus dem Jahr 1888.

In Pont-Aven trifft Gauguin auf eine Schar Gleichgesinnter – alle mit dem selben Lebensziel, endlich in Ruhe zu malen. In beinahe jedem Speicher und jeder Gartenscheune des Dorfes ist ein Atelier untergebracht. »Seinen Job als Börsenmakler in Paris hat er zuvor aufgegeben, seine dänische Frau und die fünf Kinder verlassen – und steht nun mittellos auf der Straße«, erläutert Lionel. Zwischen 1886 und 1894 verbringt der Pariser in Pont-Aven insgesamt vier Sommer und verliebt sich in »die fabelhaften Abstufungen, das göttliche Funkeln« der Wälder und des Flusses Aven. In und um das Hafendörfchen entdeckt er eine Landschaft, die sich mit seiner romantischen Gefühlswelt gut vereinbaren lässt. Mit dem Selbstporträt »Gelber Christus« und dem »Grünen Christus« (1889) entstehen hier zwei seiner bedeutendsten Werke.

DIE SCHULE VON PONT-AVEN

Aus den meist sehr laut verlaufenden Abendessen in der Herberge der Madame Marie-Jean Gloannec entwickelt sich die innovative »Schule von Pont-Aven«. Rund ein Dutzend Maler, darunter der noch blutjunge Émile Bernard, Paul Sérusier und Gauguins großer Bewunderer, Charles Laval, treffen sich einige Sommer lang unter der Leitung von Gauguin, um sich ganz der Kunst hinzugeben. Es wird viel debattiert, gemalt und getrunken. »Um sich die Zeit zu vertreiben, füttern die Maler die Gänse mit Schnapskirschen«, weiß der Kunsthistoriker eine nette Anekdote zu erzählen. Doch das Herzblut der Gruppe gilt in Theorie und Praxis natürlich der Schaffung von Kunstwerken.

Der Malstil der internationalen Künstlerkolonie, der auch als Synthetismus bezeichnet wird, gilt als revolutionär: Nicht die naturalistische Abbildung der Realität, sondern die subjektiven Empfindungen des Malers stehen im Mittelpunkt. Gauguin formuliert es so: »Ich bin kein Maler, der nach der Natur malt.« Bei ihm spiele sich alles in seiner verrückten Fantasie ab. Ausdrucksstarke Arbeiten mit kontrastreichen Farben stehen den fast fotografischen Bildern der Realisten gegenüber. Der Durchbruch dauert noch ein paar Jahre, aber 1888 macht die Schule von Pont-Aven bereits langsam von sich reden. Auch neugierige Urlauber kommen vorbei, um die »wilden« Künstler zu bestaunen. Gauguin sagt später: »Was ich in Pont-Aven gemacht habe, war nicht der Gipfel, aber als Maler habe ich mir das Recht errungen, alles zu wagen.«

Maler beider Stilrichtungen leben in dem damaligen 1500-Seelen-Dorf, das sich mit seinen Granithäusern und etlichen Mühlen reizvoll am Aven, rund 6 km von der Südküste entfernt, erstreckt. Während die Realisten ihre Bilder teuer verkaufen und ihre Zimmer im Hôtel des Voyageurs am Rathausplatz immer sofort bezahlen können, leben Paul Gauguin und seine Kollegen in der benachbarten Pension Gloanec oft auf Kredit und lassen ihre Werke als Pfand zurück. Streitereien und Prügeleien zwischen den gegensätzlichen Künstlern sind keine Seltenheit.

AUF DEN SPUREN VON GAUGUIN HEUTZUTAGE

Zwei Unterkünfte, um die 80 Galerien, das Musée des Beaux-Arts (ab Ende 2015/Anfang 2016 wieder geöffnet) sowie ein Lehrpfad auf den Spuren der Maler setzen die Geschichte von Pont-Aven heutzutage in Szene. Die landschaftlichen Motive, die Gauguin und die anderen Künstler verewigten, lernen Gäste am besten auf einem kleinen Spaziergang durch das charmante Malerdörfchen kennen. Informationstafeln stehen seit 2003 an den Orten, wo die Meister ihre Staffeleien damals aufstellten, um die Motive aus der besten Perspektive einzufangen. An der ehemaligen Herberge der Madame Gloanec erinnert eine Gedenktafel an seine großzügige Wirtin. Ebenso wird am Rathausplatz, wo zu Zeiten Paul Gauguins das Hotel Julia stand, Julia Guillou mit der Tafel »La bonne Hôtesse« alle Ehre gemacht. Sie kümmerte sich ebenfalls ganz rührend um die hoch verschuldeten Künstler. Gauguins Büste prangt mitten auf dem Rathausplatz, in der Nähe des Museums der schönen Künste.

Ein Muss für Kunstinteressierte ist die Kapelle von Trémalo: Von hohen Buchen umrahmt, inmitten eines kleinen Wäldchens, erhebt sich die gotische Kapelle, die Gauguin häufig besuchte. Als Vorbild für den weltberühmten »Gelben Christus«, den der Impressionist 1889 malte, gilt der gekreuzigte Holzchristus mit dem zur Seite geneigten Kopf im Inneren des Gotteshauses. Eine kleine Ausstellung zeigt Drucke seiner größten Werke wie die »Vision nach der Predigt« (1888) – Bretoninnen in Tracht auf einer rot eingefärbten Wiese. Gauguin ist fasziniert von den alten, ihm unbekannten Traditionen und Trachten, der fremden Sprache und den fantasievollen Legenden der Bretonen. »Wenn meine Holzschuhe auf den granitenen Boden aufschlagen, höre ich jenen dunklen und kräftigen Laut, den ich in der Malerei suche«, schreibt er aus Pont-Aven. »In der westlichen Region findet er das »Wilde und Echte«, fasst Lionel Jacq zusammen. So ist auch sein letztes Bild, das Gauguin kurz vor seinem Tod im Jahr 1903 auf den tropischen Marquesas-Inseln malt, eine bretonische Winterlandschaft.

Ein weiteres Ziel von Gauguin-Kunstliebhabern ist die steinerne Pietà-Gruppe am Fuß des Calvaires von Nizon, 3 km westlich von Pont-Aven: Dieses Motiv – drei Frauen mit dem vom Kreuz genommenen Christus – wurde von Gauguin im »Grünen Christus« vor eine Dünenlandschaft gesetzt. Das 1888 entstandene Bild gilt heutzutage als sein persönlicher Abschied vom Impressionismus.

CLAUDE MONET UND DIE INSEL BELLE-ÎLE-EN-MER

Zur gleichen Zeit entdeckt Claude Monet, ebenfalls aus Paris, die Bretagne für sich und malt 1886 insgesamt 39 Bilder in 75 Tagen auf Belle-Île, der »schönen Insel« vor der Südspitze der bretonischen Halbinsel Quiberon. Die wilden Felsküsten der größten bretonischen Insel und die Wetterkapriolen, die das Licht und die Stimmung ständig verändern, beeindrucken den Künstler. Er malt unter anderem an den Felsen und der Grotte von Port-Domois, den Felsspitzen in Port Coton sowie im Fjord von Port-Goulphar und lernt auf Belle-Île seinen späteren Biografen Gustave Geffroy kennen.

INFORMATIONEN

Kapelle von Trémalo ⚓ D 4
Straße Richtung Rosporden (D 27), bei der Steigung am Ortsende von Pont-Aven den ersten Weg rechts und durch den Wald | falls Kapelle geschl., nebenan im Bauernhof nach dem Schlüssel fragen

Maison-Musée du Pouldu 👫 ⚓ D 4
Die »Buvette de la Plage«, in der sich Gauguin und seine Freunde von Wirtin Marie Henry verköstigen lassen, wurde im Jahr 1989 originalgetreu nachgebaut und ist heute ein kleines, aber feines Museum. So führt in der Küche, wo einst Madame Henry kochte, eine Videodokumentation durch Gauguins Künstlerleben. Auch in den Schlafgemächern wandeln die Besucher auf den Spuren der damaligen Gäste: neben Paul Gauguin Meijer de Haan und Paul Sérusier. Als Ergebnis dieser Wohngemeinschaft von armen Künstlern besitzt Marie Henry am Ende rund 140 Kunstwerke, davon 40 allein von Gauguin, nach ihrem Tod wandern die Bilder in Museen auf der ganzen Welt.
Le Pouldu (nahe Pont-Aven) | 10, rue des Grands Sables | Tel. 02 98 39 98 51 | www.maisonmuseedupouldu.blogspot.de | April–Mitte Juni Sa, So 14–18, Mitte Juni–Mitte Sept. Di–So 11–19, Mitte Sept.–Ende Okt. Sa, So 14–18 Uhr | Eintritt 4,10 €

Office de Tourisme Belle-Île ⚓ E 6
Angeboten werden eine 27 km lange Radtour auf den Spuren von Claude Monet quer über die Insel Belle-Île-en-Mer, aber auch eine Führung mit der Kunstexpertin Lucette Leroy.
Le Palais | Quai Bonnelle | Tel. 02 97 31 81 93 | www.belle-ile.com

Office de Tourisme Pont-Aven ⚓ D 4
Das Fremdenverkehrsamt organisiert Führungen durch Pont-Aven.
5, place de l'Hôtel de Ville | Tel. 02 98 06 04 70 | www.pontaven.com

Die felsige Pointe des Poulains auf der Insel Belle-Île-en-Mer (▶ MERIAN TopTen, S. 132).

TOUREN
DURCH DIE BRETAGNE

AUF DEN SPUREN DES SPÄTEN MITTEL- ALTERS – DIE TOUR DE CALVAIRE

CHARAKTERISTIK: Interessante geschichtliche Tour im hügeligen Westen der Region **DAUER:** 1 Tag mit dem Auto oder Fahrrad **LÄNGE:** Landerneau–Morlaix ca. 42 km **EINKEHRTIPP:** Le Viaduc, Morlaix, 3, rue Saint-Melaine, Tel. 02 98 63 24 21, www.le-viaduc.com, €€ **AUSKUNFT:** Maison du Tourisme Landerneau, Place du

 Général de Gaulle, Tel. 02 98 85 13 09, www.rivesarmoriques.fr, ganzjährig geöffnet, Sa 10–12.30 Uhr
C 2–D 2

Die Tour durch die Mitte des Départements Finistère führt zu den beeindruckendsten umfriedeten Pfarrbezirken der Bretagne. Sie wurden Ende des Mittelalters durch den Wettstreit wohlhabender (Segel-)Tuchmacher-Städte zu prunkvollen Kunstwerken ausgeschmückt. Dabei ist jeder »enclos paroissial« für sich einzigartig.

Landerneau ▶ Sizun

Startpunkt ist die kleine Stadt **Landerneau** an der Elorn, östlich von Brest. Im 17. Jh. war sie Umschlagplatz für Tuche aus dem Hinterland. Auf der alten Brücke sehen Sie noch historische schieferverkleidete Gebäude. Für 4 km geht es auf der D 712 entlang des Flussufers, dann steil nach **La Roche-Maurice** hoch. Am Ortsrand erstreckt sich der umfriedete Pfarrbezirk. In der Saint-Yves-Kirche ist einer der seltenen hölzernen Renaissancelettner der Bretagne zu bewundern: Apostel, Heilige und Päpste, darüber Jesus am Kreuz. Vier monströse Figuren tragen die Empore des Lettners. Das Beinhaus von 1640 wurde hier besonders prunkvoll gestaltet. Diese Renaissancebauwerke kamen erst später zum Pfarrbezirk hinzu, als der Friedhof zu voll wurde. Die ausgegrabenen Gebeine haben hier eine zweite Ruhestätte bekommen.

Das winzige Dorf **La Martyre**, 6,5 km entfernt, verfügt über einen aufwendig gestalteten Pfarrbezirk. Hoch über dem Eingang sind schmerzverzerrte Skulpturen der traditionellen Sterbeszene des Calvaires zu sehen. Sehenswert ist auch die mit Figuren ausgeschmückte Vorhalle von 1455 mit ihren gut erhaltenen Aposteln an beiden Seiten.

Bis **Sizun** sind es nur noch 8 km, dessen »enclos paroissial« die größte und hübscheste Triumphpforte nach römischem Vorbild besitzt. Im Vergleich zu den gewaltigen drei Bögen wirkt der Calvaire hier fast schon bescheiden.

Sizun ▶ Saint-Thégonnec

Ein Schlenker in das einsame Dörfchen **Locmélar** lohnt sich: Die hübsch restaurierte Kirche zeigt eine seltene Apsis. Vor dem Eingang zieren den Calvaire mehrere Figuren: Zwei römische Reiter bewachen die Hingerichteten.

Nach rund 7 km gelangen Sie nach **Lampaul-Guimiliau**. Der umfriedete Pfarrbezirk sticht durch das prächtige Innere der Kirche hervor. Die Leidensgeschichte Christi wird im farbenprächtigen Triumphbalken ebenso wie

Kunstvolle Kalvarienberge sind ein Wahrzeichen der Bretagne. An Figurenreichtum übertrifft keiner den Pfarrbezirk von Guimiliau (▶ MERIAN TopTen, S. 129), der 1581 bis 1588 entstand.

mit über 80 Skulpturen im goldüberzogenen Passionsaltar präsentiert.

Noch spektakulärer – und wohl der Höhepunkt der Tour – ist der **Calvaire** 🔟 im 4 km entfernten **Guimiliau**. Ein steinerner Bilderbogen der Bibel. Sieben Jahre dauerten die Arbeiten an dem Passionsspektakel (16. Jh.): Von der Geburt bis zur Auferstehung erzählen 200 Figuren in üppiger und bewegender Inszenierung den Leidensweg Christi. Besonders beachtenswert ist die Höllenszene, bei der das junge vollbusige Mädchen Katel Gollet von den Teufeln in den Dämonenschlund gestoßen wird.

Weiter geht es nun in das 8 km entfernte **Saint-Thégonnec** mit seinem monumentalen »enclos paroissial«. Die Steinskulpturen im Calvaire sind klarer gearbeitet und ebenso gut inszeniert wie in Guimiliau: Bei der Grablegungsszene ist die Trauer in den Gesichtern der holzgeschnitzten Figuren gut zu erkennen. Ein Werk des Kunstschnitzers Jacques Lespaignol. Ebenso beeindruckend ist die Darstellung der Wächter bei der Auferstehung Jesu.

Von Saint-Thégonnec sind es nur noch 13 km in die alte Handelsstadt **Morlaix**, wo sich ein Abendessen anbietet.

MIT DEM HAUSBOOT GEMÜTLICH DURCH DIE KANÄLE DER BRETAGNE

CHARAKTERISTIK: Abwechslungsreiche Tour mit dem Hausboot, begleitet von Spaziergängen durch mittelalterliche Städte **DAUER:** 1,5 Tage **LÄNGE:** Messac–Josselin rund 210 km **EINKEHRTIPP:** Auberge des Marais, Saint-Nicolas-de-Redon, 80, avenue Jean Burel, Tel. 02 99 71 16 88, www.aubergedesmarais.fr, € **AUSKUNFT:**

 Maison du Tourisme du Pays de Redon, Place de la République, Tel. 02 99 71 06 04, www.tourisme-pays-redon.com

H 4–F 4

Über 600 km lang ist das Netzwerk an napoleonischen Kanälen und Schleusen, das sich durch das Landesinnere der Region schlängelt. Bis zur Erfindung der Eisenbahn bildeten sie die wichtigsten Transportwege der Bretagne. Den Nantes-Brest-Kanal ließ Napoleon anlegen, um die Seeblockade Englands zu umgehen. Diese Tour beginnt in Messac und endet in Josselin. Am besten Sie nehmen ein Rad mit – für Ausflüge ins Hinterland.

Messac ▶ Redon

Die Bootstour beginnt in **Messac** an der Vilaine, nur eine Brücke entfernt von dem quirligen Städtchen Guipry am anderen Ufer. Die Legende besagt, dass hier der Abt Vincent Cawiesel zum ersten Mal Kartoffeln in Frankreich angepflanzt haben soll. Auf dem Grenzfluss zwischen der Bretagne und dem Pays de la Loire erreichen Sie das alte Handelsstädtchen **Redon**.

In der netten Fachwerkstadt mit ihren schönen Altstadtgassen fließen die Wasserwege aus allen Himmelsrichtungen zusammen. Hier regeln vier Schleusen den unterschiedlichen Wasserstand der Flüsse. Sehenswert ist die Abteikirche Saint-Saveur aus dem 11. und 12. Jh., die

sich neben der Bahnlinie über Redon erhebt. Über Jahrhunderte hinweg lebten fleißige Benediktiner in dem etwas düsteren Gotteshaus. Bis zur Revolution war Saint-Saveur ein viel besuchter Wallfahrtsort. Auch das Musée de la Batellerie de l'Ouest am Quai Jean Bart, das die Historie der Kanaltransporte präsentiert, ist einen Besuch wert.

Redon ▶ Josselin

Auf der Oust, die an dieser Stelle in die Vilaine mündet, geht es mit dem Hausboot weiter nach Josselin. Das Flüsschen bildet ein Teilstück des Nantes-Brest-Kanals, der immer wieder von Flussläufen ergänzt wird und dadurch auch landschaftlich wildere Strecken präsentiert. Die Ufer sind teils von hohen Pappeln gesäumt, hier verlaufen auch die alten Treidelpfade.

Ein interessanter Abstecher führt auf der romantischen Aff nach **La Gacilly**, das bekannt ist für wunderschöne Blumenfeste und die botanischen Gärten von Yves Rocher. Zurück auf der Oust, ist der Fluss wieder für kurze Zeit ein Kanal, gerade und glatt.

Nach einem Aufenthalt in **Malestroit** mit seinen Fachwerkhäusern rund um die Place du Bouffay und humorvollen

Holzfiguren an den Fassaden geht es gemütlich weiter nach **Josselin**.

Langsam zeigen sich über den Bäumen die Spitzen der spätgotischen Basilika Notre-Dame-du-Roncier – eine schöne Ansicht. Nach einer weiteren Biegung der Oust erblicken Sie die beeindruckende Festung. Wenn die Flagge der Rohan Chabot gelb-rot im Wind flattert, ist der Herzog in seinem Château anwesend. Als Hobbykapitän dürfen Sie mit Ihrem Boot direkt vor der mittelalterlichen Burganlage anlegen – und nach ein paar Schritten sind Sie schon im Zentrum. Hier kann man es auch länger aushalten. Schlendern Sie durch die stimmungsvollen Gassen mit ihren netten Fachwerkhäusern, besuchen Sie die Kirche und trinken hinterher gemütlich einen Café in einer der netten Bars auf dem Kirchplatz.

Absolut besuchenswert ist das Schloss, ein Teil des Erdgeschosses kann besichtigt werden: ein nobler Salon, ein filmreifer Speisesaal und eine gemütliche Bibliothek mit über 300 Bänden.

INFORMATIONEN

Hausboot-Vermietung

Der Veranstalter Le Boat bietet mehrtägige Touren durch die Bretagne an, die Hausboote sind ungefähr 12 bis 14 m lang und voll ausgestattet mit Küche, Kojen etc. Fahrräder und Grills können ausgeliehen werden. Handtücher und Bettwäsche sind an Bord.

Le Boat | Tel. (in Deutschland) 0 61 01/ 5 57 91 75 | www.leboat.de

Château Josselin ⚓ F 4

Place de la congrégation | www.chateau josselin.com | Eintritt 8,90 €, Kinder 5,30 €

Blick auf die Oust und die Insel Île-aux-Pies am Canal de Nantes à Brest (▶ S. 130). Der Schifffahrtskanal wurde 1842 eröffnet und verbindet die Loire bei Nantes mit der Bucht Rade de Brest.

DIE SCHÖNE INSEL BELLE-ÎLE-EN-MER ⭐ IM SÜDEN DER REGION

CHARAKTERISTIK: Eine Tour zu der größten bretonischen Insel lohnt sich insbesondere wegen der reizvollen Natur mit fjordartigen Buchten und ginsterüberzogenem Heideland **DAUER:** Tagestour, Übernachtungen sind möglich **LÄNGE:** ca. 50 km **ANFAHRT:** Es bestehen Fährverbindungen von Quiberon mit der Compagnie Océane, Ablegehafen Port Maria (Gare maritime), Tel. 08 20 05 61 56, www.compagnie-oceane.fr **EINKEHRTIPP:** L'Atlantique, Le Palais, Quai de l'Acadie, Tel. 02 97 31 80 11, www.hotel-atlantique.com **AUSKUNFT:** Office de Tourisme Belle-Île, Le Palais, Quai Bonnelle, Tel. 02 97 31 81 93, www.belle-ile.com

⚓ E 6

Für die Rundroute sollten Sie auf jeden Fall ein Fahrrad ausleihen. Alternativ bietet das Office de Tourisme Busrundfahrten an. Die landschaftlich attraktivste Strecke führt über den Nordwesten von Belle-Île.

Le Palais ▶ Sauzon

Schwere Mauern umrahmen das quirlige Hafenstädtchen **Le Palais**, in das Gäste mit der Fähre, von Quiberon kommend, einfahren. Die massive Zitadelle wurde 1549 von Heinrich II. in Auftrag gegeben und Ende des 17. Jh. von Sébastien Le Prestre de Vauban zu einer unbezwingbaren Festung ausgebaut. Im 19. Jh. war es Frankreichs erstes Museumshotel und beherbergt heute ebenso ein kleines und durchaus sehenswertes Heimatmuseum.

Bis Sauzon ist die Straße (D 30) gut ausgebaut, aber dann wird es häufig sehr schmal. Zu den Sehenswürdigkeiten entlang des Küstenstreifens gelangen Sie meist über Spazierwege oder schmale Pfade. Mitunter geht es plötzlich steil hinunter, unvermutet tut sich ein hübscher Sandstrand auf. Bei Ebbe bleiben mächtige Felsbrocken zurück.

Der malerische Hafenort **Sauzon** mit seinem Naturhafen und bunt angestrichenen Häuserfassaden lockt viele Besucher an und ist deshalb touristisch gut erschlossen mit einer Reihe von Restaurants und Souvenirläden.

Sauzon ▶ Pointe des Poulains

Die Nordwestspitze des Eilands, Richtung **Pointe des Poulains** (D 25), wird bei Flut komplett von der Insel abgetrennt. Hier stehen ein Leuchtturm, eine Kapelle und das zerstörte Fort Sarah Bernhardt. Ende des 19. Jh. machte hier die berühmte Schauspielerin über viele Jahre hinweg Urlaub. Sie war begeistert vom bretonischen Landleben und schlug sogar gesalzene Butter im Butterfass mit eigener Hand. Hier beginnt die Côte Sauvage.

Pointe des Poulains ▶ Grotte de l'Apothicairerie

Über Millionen Jahre hat der gewaltige Atlantik an der Apothekergrotte (an der D 30 zur Küste) für tiefe Einbuchtungen am Ufer gesorgt. Der gigantische Felsentunnel unter einer hohen Klippe ist beeindruckend, die wilde Brandung tost. Die Grotte verdankt ihren Namen den bauchigen Kormorannestern, die früher an der Felswand hingen – sie erinnerten an die Behältnisse in einer alten Apotheke. Heute sind sie allerdings verschwunden, die großen Vögel sind vor den Menschen geflohen.

Apotheker-Grotte ▶ Port Goulphar
Von der Grotte fahren Sie südlich auf der D 25 weiter. Mitten in der Heide stehen plötzlich links und rechts der Straße nach **Port Donnant** – übrigens ein wildromantischer, breiter, aber leider etwas gefährlicher Badestrand – zwei Menhire: Jeanne und Jean, zwei Verliebte, die der Legende nach von einer Hexe in Stein verwandelt wurden, weil sie schon vor ihrer Hochzeitsnacht übereinander herfielen.

Weiter geht es südlich zum **Grand Phare**, einem Leuchtturm, der über eines der lichtstärksten Leuchtfeuer Europas verfügt. Auf der Aussichtsterrasse haben Sie ein fantastisches Panorama über die Insel und die von Felsen und Klippen zerklüftete Côte Sauvage. Kurz danach erreichen Sie schon den kleinen Hafen **Port Goulphar** an der Westküste. Hinter einem Landhaus fällt die Straße steil zum Ozean ab und endet in einer der schönsten Buchten von Belle-Île – mit vorgelagerten Inselchen und Riffen. Zurück fahren Sie auf der D 190 Richtung Le Palais. Wenn Sie im Sommer baden gehen wollen: Südlich von Le Palais liegen drei Strände, u. a. die geschützte Plage des Grands Sables.

INFORMATIONEN

Fahrradverleih Roue Libre E 6
Le Palais | 6, quai Jacques Le Blanc | Tel. 02 97 31 49 81 | www.belle-ile-evasion.com | tgl. 9–19 Uhr

Der Hafen von Sauzon (▶ S. 132) in warmes Abendlicht getaucht. Die Fischerei spielt kaum mehr eine Rolle, heute bildet der Tourismus die wichtigste Einnahmequelle der Insulaner.

EINE RADTOUR INS LANDESINNERE: SAINT-MALO BIS MONTREUIL-SUR-ILLE

CHARAKTERISTIK: Fahrradausflug von der Küste durch dichte Wälder, hübsche Dörfer und quirlige Städte **DAUER:** Tagestour oder mit Übernachtung möglich **LÄNGE:** ca. 84 km **SCHWIERIGKEITSGRAD:** geringe Steigungen **EINKEHR-TIPP:** Les Voyageurs, Dinan, 7, rue du Quai, Tel. 02 96 39 40 17, € **AUSKUNFT:** Office de Tourisme Saint-Malo, Esplanade Saint-Vincent, Tel. 08 25 13 52 00, www.saint-malo-tourisme.com

G 2–H 3

Die Bretagne ist im Inland perfekt zum Radfahren: sanfte Hügel, schnuckelige Dörfer und lebendige Städtchen – und das Ganze verbunden mit den »voies vertes«, einem Netz von rund 400 km Rad- und Wanderwegen. Die ehemaligen Treidelpfade, Bahntrassen und kleinen Straßen führen quer durch die bretonische Landschaft. Entlang der Flüsse, Kanäle und Küsten bietet sich ein herrliches Panorama. Diese Tour beginnt in der Korsarenstadt **Saint-Malo** **3** und endet 60 km südöstlich von Dinan, es ist die Voie Verte 2.

Saint-Malo ▶ Dinard

In dem alten Korsarennest mit seiner hübschen Ville Close und den verwinkelten Gassen sollten Sie zur Stärkung noch schnell einen Café au lait trinken, bevor es dann auf den Drahtesel geht. Mit einer Fähre von Emeraude Lines (oder Compagnie Corsaire) setzen Sie in 10 Minuten hinüber nach **Dinard**. Das älteste bretonische Seebad versprüht noch viel britisches Ambiente, schließlich haben im 19. Jh. Engländer den Ort als Ferienziel entdeckt. Herrensitze der Belle Époque, Urlaubsvillen und schicke Grand-Hotels – wie für den Film gebaut. Lindfield & Company verkauft Teas and Coffees, typisch englisch. Hier könnte man im Sommer noch kurz an der Plage de l'Écluse zur Abkühlung ins Wasser springen oder auf der blumengeschmückten Promenade entlangschlendern. Schlossliebhaber können einen Abstecher nach **Montmarin** machen: Das 1760 errichtete Château im Stil Ludwig XV. steht am linken Ufer der Rance (ca. 2 km südl. des Gezeitenkraftwerks). Vor allem der terrassenförmig zum Fluss hinunter angelegte Park ist sehenswert.

Dinard ▶ Dinan

Auf stillgelegten Bahngleisen erreichen Sie nach ca. 23 km **Saint-Samson-sur-Rance** am Flüsschen Rance gelegen. Kurz darauf kommen Sie schon ins idyllische **Dinan** **5**. Auch diese mittelalterliche Stadt und ihre Architektur hat schon viele Maler und Schriftsteller in ihren Bann gezogen. Sie beherbergt das mit am besten erhaltene bretonische architektonische Erbe. Sehenswert hier vor allem: der Stadtwall, der fast komplett begehbar ist, und die Rue du Jerzal mit ihren restaurierten Fachwerkhäusern. Vor oder nach der kurzen Sightseeingtour bietet sich eine Einkehr an. Besonders lecker ist es im

Schöne Rad- und Spazierwege führen am Canal d'Ille-et-Rance (▶ S. 135) entlang. Der Kanal wird heute kaum mehr kommerziell genutzt und ist bei Erholungsuchenden umso beliebter.

Les Voyageurs, aber das Städtchen hat auch viele andere nette Alternativen.

Dinan ▶ Montreuil-sur-Ille

Gestärkt radeln Sie von hier aus fernab vom störenden Verkehr weiter auf einem alten Treidelpfad, der ungefähr im Jahr 1830 entlang des Canal d'Ille-et-Rance, der die Städte Rennes und Saint-Malo miteinander verbindet, angelegt wurde. In dem historischen Ort **Tinténiac** könnten Sie einen Stopp einlegen und vielleicht das interessante Museum für alte Werkzeuge, das Musée de l'Outil et des Métiers, besuchen (5, quai de la Donac). In **La Plousière**

führt die Route dann am Ostufer entlang. Rund 6 km entfernt liegt das Dorf **Montreuil-sur-Ille**, der Fluss Ille wird ab hier zu einem Teil des Canal d'Ille-et-Rance. Hier endet unsere Radroute.

INFORMATIONEN

Eine Streckenkarte (Dinard–Dinan) sowie weitere Informationen erhält man unter www.voiesvertes.com.

Radverleih Locvelec ◢ G 2

Saint-Malo | 109, boulevard de Châteaubriand | Tel. 02 99 40 80 32 | tgl. 10–12.30, 14–18.30 Uhr

DIE BRETAGNE
ERFASSEN

Kommerzielle Austernzucht in der Gezeitenzone des Golfs von Morbihan (▶ S. 121).

AUF EINEN BLICK

Hier erfahren Sie alles, was Sie über die Region im Westen Frankreichs wissen müssen – kompakte Informationen über Land und Leute, von Bevölkerung und Sprache über Geografie und Politik bis Wirtschaft.

BEVÖLKERUNG

Viele Bretonen fühlen sich bis zum heutigen Tage mehr zu ihren »Verwandten« keltischer Abstammung in Schottland, Wales und Irland hingezogen als zu dem Rest der Franzosen. Viele Orte und Dorfnamen, wie beispielsweise Trégastel (»tre« = Siedlung), Locronan, Quiberon oder Tréguier, haben ihren Ursprung in der Besiedelung durch die Kelten der Britischen Inseln. Die bretonische Bevölkerung ist, ähnlich wie die Ostfriesen in Deutschland, Ziel der immergleichen Witze über holzschuhtragende, trinkfeste Hinterwäldler. Die Menschen im äußersten Westen machten sich in der Vergangenheit schon so manches Mal selbstständig: So gründeten die Landwirte in den 1960er-Jahren eigene – von Frankreich unabhängige – Kooperativen und nahmen die Vermarktung ihrer Waren selbst in die Hand.

LAGE UND GEOGRAFIE

Die bretonischen Bürger vergleichen ihre Region, die über rund 3000 km Küstenlinie verfügt, mit einem Löwen,

◀ Aufgang zum Großen Leuchtturm der Île Vierge, mit 82,5 m der höchste Europas.

der aus dem Atlantik trinkt und seine Mähne im Ärmelkanal badet. Die unzähligen Inseln und Riffs vor der Küste nannten bereits die Kelten vor 2500 Jahren »Aremorica«. Das Inland trägt hingegen die Bezeichnung »Argoat«. Es ist geprägt durch Hügel, Weiden und Felder. Die Monts d'Arrée ragen als höchste Berge im Westen 384 m hoch auf. Kleine und mittlere Badeorte zieren die Nordküste mit traumhaften Sandstränden, aber auch felsigen Buchten. Die Westküste hingegen präsentiert sich rau-ursprünglich und einsamer mit imposanten Klippen. Der Süden ist klimatisch etwas milder und lockt mit kilometerlangen, breiten Stränden. Das Zentrum der Megalithkultur befindet sich rund um den Golfe du Morbihan.

POLITIK UND VERWALTUNG

Die Region Bretagne unterteilt sich in vier Départements: Côtes d'Armor, Finistère, Ille-et-Vilaine und Morbihan. Die Hauptstadt ist Rennes. Die eigene Nationalhymne »Bro gozh ma zadoù« wird häufig bei Veranstaltungen gesungen und dazu die schwarzweiße Flagge »Gwenn ha Du« geschwenkt.

SPRACHE

Bretonisch ist wieder beliebt: Rund eine halbe Million sprechen die Sprache ihrer Vorfahren und lesen wieder Bücher und Gedichte. Das Idiom ist eigenständig und ist nicht mit Französisch zu vergleichen, die Wurzeln liegen weit zurück in der keltischen Urbevölkerung. Bretonisch ist die einzige moderne keltische Sprache, die auf dem

europäischen Festland gesprochen wird, doch ist sie nicht in allen Départements der Region heimisch: In der östlichen Haute-Bretagne wurde sie gar nicht gesprochen (wie in Rennes) oder völlig verdrängt. Im Finistère sowie im westlichen Morbihan und an der Côte d'Armor wächst dagegen ein Großteil der Menschen noch immer bilingual auf.

WIRTSCHAFT

Schon seit Jahrtausenden leben die Menschen an der Küste der Bretagne vom Meer. Der Westen ist noch immer die führende Fischereiregion Frankreichs, auch wenn es schwieriger wird, sich auf dem Markt durchzusetzen. Die großen Schiffe fahren bereits bis zu den Seychellen, um dort Thunfisch zu fangen. Knapp 60 % der Bretagne werden heute landwirtschaftlich genutzt. Besonders gut gedeihen Zwiebeln, Artischocken, Blumenkohl und Kartoffeln. So spielt die Region eine große Rolle auf dem französischen Agrarmarkt. Wichtigster Wirtschaftszweig ist jedoch der Dienstleistungssektor, 74 % arbeiten in diesem Segment. Alljährlich besuchen rund 9 Mio. Gäste die Bretagne, wobei ein Großteil inländische Urlauber sind, nur 15 % kommen aus dem Ausland.

AMTSSPRACHE: Französisch
EINWOHNER: 3,2 Mio. (117 Einw./km^2)
FLÄCHE: 27 209 km^2
GRÖSSTE STADT: Rennes, 208 000 Einwohner
HÖCHSTER BERG: Monts d'Arrée, 384 m
INTERNET: www.bretagne.fr
RELIGION: römisch-katholisch
WÄHRUNG: Euro

GESCHICHTE

Über viele Jahrtausende sind die Bretonen ein unterdrücktes Volk, das gegen mächtige Gegner einen hoffnungslosen Kampf führt. Frankreich gewinnt schließlich den Streit um den kleinen Nachbarn im Westen.

4600 v. Chr. Die Megalithkultur

Der erste Grabhügel entsteht: Cairn von Barnenez. Über 2600 Jahre, bis gegen Ende des Neolithikums, werden viele Tausend Steine im Westen Frankreichs aufgerichtet. Doch welche Rolle spielen sie? Es gibt viele Spekulationen. Sicher ist, dass die Megalithiker eine Form gesellschaftlicher Organisation haben – mit Priester oder Königen an der Spitze – und einen Totenkult pflegen. Und sie besitzen astronomische Kenntnisse, die Steinreihen sind nach komplizierten Gestirnskonstellationen ausgerichtet. Je nach Interpretation stellen die Megalithen magische Energiezentren, Sonnenkalender oder Phallussymbole dar. Die Menschen der Jungsteinzeit halten sich sehr wahrscheinlich bis zur keltischen Besiedlung in der Bretagne auf.

56 v. Chr. Römische Herrschaft

Im Golf von Morbihan gehen die Römer als Gewinner aus der Seeschlacht gegen den Keltenstamm der Veneter hervor. Damit beginnen rund 500 Jahre römische Fremdherrschaft. Doch einige Kelten geben nicht auf: Während der Osten der gallischen Provinz bald die römische Lebensart übernimmt, müssen mehrere Zehntausend Legionäre über 200 Jahre lang den Westen des kleinen Aremorica kontrollieren. Wirtschaftlich geht es den Bewohnern gut, sie leben in befestigten Siedlungen

4600 v. Chr.

Die ersten Megalithen werden auf dem Gebiet der Bretagne errichtet.

56 v. Chr.

Die römische Fremdherrschaft beginnt.

5. Jh.

Keltische Briten siedeln sich auf der Halbinsel an und christianisieren die Bevölkerung.

oder verstreut auf dem Land, die ersten Straßen werden gebaut. 300 n. Chr. beginnt das Römische Reich im Westen zu wackeln, die europäischen Völker gehen wieder auf Wanderschaft.

5. Jh. n. Chr. Keltische Briten

Der größte Teil Aremoricas ist kaum mehr bevölkert, als im 5. Jh. die ersten Einwanderer aus Britannien eintreffen, geblieben sind romanisierte Gallier. Christliche Inselkelten, geführt von Stammesfürsten und Priestern, kommen in die Bretagne und nennen es Kleinbritannien. Die Kelten der Britischen Inseln sind schon früh zum christlichen Glauben übergetreten. Die Gottesleute wollen nun die aremoricanischen Gallier zum rechten Glauben bekehren – was gelingt. Rund 200 Jahre lang wird die Besiedelung in mehreren Wellen vollzogen. Die Britannier kommen in Clans, ihre Priester kümmern sich auch um die weltlichen Belange.

Um kleine Klöster oder Einsiedeleien herum entwickeln sich die Keimzellen neuer Siedlungen. Die Missionare sind erfolgreich: Immer mehr Einheimische bekennen sich zum Christentum, und der Grundstein der bretonisch-christlichen Kultur wird gelegt.

1341 Die Erbfolgekriege

Der bretonische Erbfolgekrieg als Teil des französisch-englischen Hundertjährigen Krieges (1339–1453) sorgt für neue Koalitionen und zehrt die Bretagne 25 Jahre lang aus. Herzog Jean III. verstirbt kinderlos. Zwei Anwärter streiten anschließend um den Thron und werden von den Großmächten unterstützt: Frankreich steht Charles de Blois, einem angeheirateten Neffen des Verstorbenen, zur Seite, England und der Adel schlagen sich auf die Seite von Jean de Montfort, dem Bruder Jean III. Blutige Kämpfe im ganzen Land folgen. Söldner plündern und brennen Dörfer nieder, verwüsten die Bretagne, bis es 1364 zur entscheidenden Schlacht bei Auray kommt. Jean de Montfort besiegt Charles und wird als Herzog der Bretagne anerkannt. Eine Zeit der relativen Ruhe und einer wieder aufblühenden Wirtschaft beginnt mit den Herzögen von Monfort.

König Gradlon gründet das erste Königreich auf bretonischem Boden, das Reich von Cornouaille.

Die Normannen greifen an, König Alain Barbe-Torte schlägt zurück. Die ersten Burgen werden gebaut.

919

600

799

Der Frankenkönig Karl der Große erobert die Bretagne.

1341

Der bretonische Erbfolgekrieg als Teil des französisch-englischen Hundertjährigen Krieges belastet die Bretagne 25 Jahre lang.

1488 Herzogin Anne

Franz II., Herzog der Bretagne, verstirbt als gebrochener Mann nach einer verlorenen Schlacht gegen König Karl VIII. Er hinterlässt als Nachfolgerin seine junge Tochter Anne. Die Herzogin wird später eine der meistverehrten Persönlichkeiten der Bretagne. Am 8. Februar 1492 wird die 14-jährige Anne zur Herzogin der Bretagne und, als Gemahlin von König Karl VIII., Königin von Frankreich gekrönt. Als Karl VIII. nach neun Jahren unter mysteriösen Umständen zu Tode kommt, regelt der Ehevertrag ihre Zukunft: Karls Bruder Ludwig XII. ist ihr nächster Ehegatte. Ihm schenkt sie die Tochter Claude, die ebenfalls später den Thron besteigen wird. Die Nationalheldin stirbt im Jahr 1514.

1532 Die autonome Provinz

Ein Gouverneur, von Paris geschickt, regiert als Präsident der bretonischen Landstände die autonome Provinz Bretagne. Eine Phase des großen Wohlstands beginnt – trotz anhaltender Bauern- und Bürgeraufstände sowie langjähriger Religionskriege. Im Landesinneren boomt die Tuchweberei, die Tuchmacher exportieren in die ganze Welt. Und an der Küste floriert der weltweite Seehandel, unterstützt durch die Verbindung zu Frankreich. Doch der Aufschwung hält nicht ewig an. Die französischen Könige versuchen immer wieder, die Bretonen in ihren autonomen Rechten zu beschneiden. Ludwig XIV. will die Macht des Adels im Westen endgültig einschränken.

Regionale Aufstände enden im Jahr 1675 in der sogenannten Stempelpapierrevolte, dem bretonischen Bauernkrieg. Die Erhöhung der Steuern u. a. auf Zolleinnahmen, Tabak und Fischerei sowie eine neue Steuer auf jede amtliche Beglaubigung (Stempelpapier) sorgen für den Aufstand der »Bonnets Rouges«, der Rotkappen. Eine Bauernarmee kämpft tapfer gegen verunsicherte Söldner des Königs, doch der Aufstand wird mit immenser Brutalität durch die königlichen Heere niedergeschlagen. Massenhinrichtungen folgen. Zehntausende Bauern und Menschen der Unterschicht sterben.

Franz II., Herzog der Bretagne, findet den Tod und hinterlässt als Nachfolgerin seine Tochter Anne – eine der beliebtesten Frauen der Bretagne.

1514

Mit dem Edikt von Nantes beendet Heinrich IV. die Glaubenskriege.

1598

1488

Anne de Bretagne stirbt, Tochter Claude wird ihre Nachfolgerin.

1793 Französische Revolution

Die Revolution mit der Parole »weg mit dem Adel und dem Klerus – stattdessen Freiheit, Gleichheit, Brüderlichkeit« wird auch in der Bretagne zunächst freudig begrüßt, doch bald schon wendet sich das Blatt: Die überzeugten Katholiken lehnen es entschieden ab, dass Republikanerhorden ihre Klöster und Kirchen plündern und zerstören. Im Jahr 1793 zwangsrekrutiert jedoch das republikanische Heer Männer im ganzen Land. Einen »Krieg des lokalen Geistes gegen den zentralen« bezeichnet der Schriftsteller Victor Hugo den Aufstand seitens der Bretagne und der Vendée, der zu Beginn auch erfolgreich ist. Die Bauern unterstützen die »chouans«, königstreue Gegenrevolutionäre, die einen zähen Partisanenkampf führen. Doch die Revolutionstruppen roden die Wälder und lassen somit die Verstecke der Aufständischen auffliegen. Blutige Kämpfe folgen. Nach dem endgültigen Sieg über die Royalisten im Jahr 1815 herrscht in der geschundenen Region lange Zeit eine politische Grabesruhe.

1914–1918 Erster Weltkrieg

Zunächst wird der Erste Weltkrieg weit weg von der westlichen Region geführt, in den Schützengräben Ostfrankreichs. Doch der Halbinsel bleibt es nicht erspart, dass im ganzen Land für vier lange Jahre wehrfähige Männer eingezogen werden, um dann an der Front »pour la patrie« zu sterben. Der französischen Sprache kaum mächtig, werden manche sogar von ihren französischen Landsleuten erschossen, die sie für Spione halten. Rund 250 000 Bretonen – 10 % der Gesamtbevölkerung in der Region – finden im Ersten Weltkrieg den Tod. Die langen Listen der Gefallenen sind auf unzähligen Fried- und Kirchhöfen der Bretagne verewigt.

1940–1944 Deutsche Truppen

Als Général de Gaulle am 18. Juni 1940 seinen berühmten Radioappell in London über den Äther schickt, brechen 150 Fischer von der Île de Sein als erste Franzosen nach England auf. Doch der Zweite Weltkrieg trifft die Bretagne hart. Wichtige Häfen wie Saint-Malo und Brest werden fast kampflos den

Regionale Aufstände gipfeln in der sogenannten Stempelpapierrevolte, das Landvolk erhebt sich.

1914–1918 Rund 250 000 Bretonen lassen im Ersten Weltkrieg ihr Leben.

1675

1793 Die Französische Revolution erreicht auch die Bretagne. Royalisten kämpfen gegen Revolutionstruppen, doch sie unterliegen schließlich 1815.

1940 Deutsche Truppen besetzen die Bretagne und bauen die Häfen zu Festungen um.

Deutschen übergeben, diese bauen sie zu waffenstarrenden Festungen aus. Die Widerstandsbewegung, die die Besatzer aus dem Untergrund heraus bekämpft, wird von Wehrmacht, SS und Gestapo gnadenlos verfolgt, viele werden brutal hingerichtet. Im Jahr 1944 beendet die Befreiungsoffensive der Alliierten, unterstützt von der zu dieser Zeit offen kämpfenden Résistance, die Zeit der deutschen Besatzung.

Jedoch sterben in nur wenigen Wochen Tausende von Bretonen: Brest, Lorient, Saint-Nazaire und Saint-Malo werden komplett von alliierten Bombern zerstört. Auch in Nantes und vielen anderen Orten sind die Schäden durch Flugbomben und Artilleriebeschuss am Schluss des Zweiten Weltkrieges beträchtlich. Nun müssen erst einmal die Schäden beseitigt werden, und die Region zählt wieder einmal zu den ärmsten in ganz Frankreich.

1960 Die ökonomische Wende

Ein Generalplan (CELIB) zur Beseitigung der Rückständigkeit leitet im Jahr 1951 die Wende ein und beendet die seit über 100 Jahren währende wirtschaftliche Apathie. Die ökonomische Lage bessert sich weiter in den 1960er-Jahren, staatliche Förderprogramme treten in Kraft. Die Bauern wehren sich gegen Zwischenhändler und gründen eine eigene Vermarktung.

Von 1964 bis 1972 erfolgt im Zuge der regionalen Neugliederung Frankreichs die Schaffung der Region Pays de la Loire mit der Hauptstadt Nantes. Der alte Sitz der bretonischen Herzöge wird damit ebenso wie das Département Loire-Atlantique zum Unwillen vieler von der Bretagne abgetrennt.

1966–1978 Die »Bretonische Befreiungsfront«

Die extremistische Organisation »Front de libération de la Bretagne« zieht durch Hunderte von Anschlägen, etwa die Bombardierung von Versailles 1978, die öffentliche Aufmerksamkeit auf sich. 50 militante Aktivisten werden 1969 inhaftiert. Im Jahr 1978 werden 21 Anhänger zu Haftstrafen von 3 bis 15 Jahren verurteilt, wobei sechs der Angeklagten freigesprochen werden.

Die »Bretonische Befreiungsfront« verübt Anschläge in der Bretagne.

1944–1945

1960

1966

Bei der Befreiungsoffensive der Alliierten sterben Tausende von Bretonen, viele Hafenstädte werden bombardiert.

Die Bauern gründen eine eigene Vermarktung, um Zwischenhändler zu umgehen.

2013 Massendemos der Rotmützen und Wirtschaftslage

17 000 Anhänger der »Bonnets Rouges« (Rotmützen) protestieren gegen die Steuerpolitik der französischen Regierung. Die Bewegung in der nordwestlichen Region, die im Oktober aus Protest gegen die von Präsident François Hollande geplante Ökosteuer auf in- und ausländische Lastwagen über 3,5 t entsteht, bringt im Städtchen Carhaix Tausende auf die Straße. Die politisch bunt gemischte Bewegung will mit ihrer Aufmachung an einen historischen Aufstand der Bretonen gegen die Steuermarken des Finanzministers von König Ludwig XIV. erinnern.

Der Bürgermeister von Carhaix, Christian Troadec, versteht sich vor allem als Fürsprecher der wirtschaftlichen Interessen der Bretagne. Sie ist von Arbeitslosigkeit, der Schließung von Schlachthöfen sowie dem Niedergang von Landwirtschaft und Fischerei betroffen. Die Landwirtschaft klagt: Die Branche steckt in einer Krise, Exporthilfen aus Brüssel fallen weg, Preise für Getreide und Tierfutter sind gestiegen. Durch die neue Steuer fürchtet sie eine Verschärfung der bereits bestehenden Probleme. Gewerkschaften schätzen, dass insgesamt bis zu 8000 Arbeitsplätze in der bretonischen Nahrungsmittelindustrie gefährdet sind. Das Unternehmen Doux, ein großer Geflügelproduzent in Europa, muss bereits 2012 rund 1000 Mitarbeiter in der Region entlassen. Die umstrittene Ökosteuer wird frühestens 2015 in Frankreich eingeführt.

2015 EU hilft entlassenen Citroën-Mitarbeitern

Die französische Automobilmarke Citroën muss 800 Mitarbeiter freistellen, 600 weitere in den Vorruhestand schicken. Die EU stellt auf Bitte Frankreichs aus dem »Europäischen Fonds für die Anpassung an die Globalisierung« 12,7 Mio. € zur Verfügung, die es den entlassenen Mitarbeitern in Rennes sowie weiterer Betroffenen am Standort Aulnay-sous-Bois erleichtern sollen, wieder Arbeit zu finden. Mit dem Geld werden beispielsweise Weiterbildungen und Unternehmensgründungen subventioniert.

Durch das Kentern des Tankers »Amoco Cádiz« kommt es vor Portsall an der Westküste zu einer Ölpest.

Durch starke Düngung und die Erwärmung der Ozeane nehmen Blaualgen stark zu und gefährden die Strände bei Saint-Brieuc.

2009

1978

2002 Mit den Wahlen endet die Kohabitation mit Jacques Chirac und Lionel Jospin.

2013 Massendemos der »Bonnets Rouges« (Rotmützen) gegen die Ökosteuer.

KULINARISCHES LEXIKON

A

abats – Innereien
agneau – Lamm
aiguillette de canard – Entenbrustfilet
ail – Knoblauch
aïoli – Knoblauchmayonnaise
andouille – Schweinswurst aus Kutteln
andouillette – Wurstspezialität aus
    sauberst gewaschenen Därmen
artichauts – Artischocken
asperge – Spargel

B

bargue – Meerbutt
beurre – Butter
bière blonde (noire) – helles (dunkles)
    Bier
bisquebouille – Fischsuppe
bœuf – Ochse oder Rind
boisson – Getränk
bouillabaisse – Fischsuppe
brochette – Spießchen

C

cabillaud – Kabeljau
calmar – Tintenfisch
calvados – Apfelschnaps
canard – Ente
carrelet – Scholle
casse-croûte – Imbiss
cerises – Kirschen
cervelle – Hirn
châteaubriand – Grillsteak
chèvre – Ziege, Ziegenkäse
concombre – Gurke
coq – Hahn
coquilles, coquillages – Muscheln
courgettes – Zucchini
crabe – Krabbe

crème – Sahne, auch süßer Likör
crevettes – Garnelen
crudités – Rohkostsalate
crustacés – Krustentiere

D

daurade, dorade – Goldbrasse
dinde – Pute
doux, douce – süß

E

eau – Wasser
– gazeuse – Selterswasser
– minérale – Mineralwasser
– de vie – Branntwein
    (klare Schnäpse)
écrevisses – Krebse
entrée – Vorspeise
épinards – Spinat
escalope – Schnitzel

F

faux-filet – Lendenstück vom Rind
fenouil – Fenchel
filet – Lendenbraten
flan – Pudding
flet – Flunder
flétan – Heilbutt
foie – Leber
framboise – Himbeere
fumé – geräuchert

G

gambas – Garnelen, Krabben
gâteau – Kuchen
gaufrettes – Waffeln
glace – Eis
gratin – Auflauf, Überbackenes
grillades – Gegrilltes

H

haricots verts – grüne Bohnen
homard – Hummer
huile – Öl
huîtres – Austern

J

jambon – Schinken
jus – Saft

L

lait – Milch (lait entier – Vollmilch)
langoustine – kleiner Panzerkrebs
lapin – Kaninchen
légumes – Gemüse
lentilles – Linsen
lièvre – Hase
lotte de mer – Seeteufel
loup de mer – Wolfsbarsch (Seewolf)

M

maquereau – Makrele
merguez – Würstchen
miel – Honig
morue – Kabeljau
moules – Muscheln
– marinières – in Weißweinsud
moutarde – Senf (Mostrich)
mouton – Hammel, Schaf

N

noisette – Haselnuss
noix – Walnuss

O

œuf – Ei
oie – Gans
oignons – Zwiebeln

P

pain – Brot
palourde – Venusmuschel
pâté – Pastete

pêche – Pfirsich
pois – Erbsen
pieuvre – Krake
piment doux – Paprika-/Pfefferschote
poire – Birne (auch Birnenschnaps)
poireau – Lauch, Porree
poisson – Fisch
pomme – Apfel
pommes de terre – Kartoffeln
porc – Schwein
potage – Suppe
poularde – Masthuhn
poulpe – Tintenfisch
praire – Venusmuschel

R

raisins – Weintrauben
rognons – Nieren
rôti – Braten, gebraten

S

sandre – Zander
saucisson – Schnitt- oder Brühwurst
saumon – Lachs
seiche – Tintenfisch
sel – Salz
sole – Seezunge
sucre – Zucker

T

tarte – Obstkuchen
thon – Thunfisch
tourteau – Taschenkrebs
tripes – Kutteln, Innereien
truite – Forelle
turbot – Steinbutt

V

veau – Kalb, Fleisch vom Kalb
vin – Wein
– blanc – Weißwein
– rouge – Rotwein
vinaigre – Essig

SERVICE

Anreise und Ankunft

MIT DEM AUTO

Alle Autobahnen in die Bretagne führen über Frankreichs Hauptstadt – am besten großräumig umfahren wegen Staugefahr. Nach Rennes als Tor zum äußersten Westen sind es ab München rund 1170 km, ab Berlin ca. 1400 km. Von Paris fährt man noch rund 354 km über die A 10/11 nach Rennes. Viele Urlauber weichen bei der Anreise durch Frankreich aber auf kostenlose Nationalstraßen aus, um die teilweise hohen Autobahngebühren (»péage«) einzusparen (Beispiel: Aachen–Mont-Saint-Michel ca. 30 € Maut). Die Autobahnen in der Bretagne sind jedoch größtenteils mautfrei. Manche der mit »N« gekennzeichneten Nationalstraßen sind sogar drei- bis vierspurig ausgebaut.

MIT DER BAHN

Auch mit dem TGV (Train à Grande Vitesse) führen alle Wege über Paris. Dann geht's von der Metropole bis nach Rennes in knapp zwei Stunden weiter bis nach Brest, Quimper oder La Baule im Süden. Je nach Abfahrtsort in Deutschland, Österreich oder der Schweiz dauert die Anreise mit dem Hochgeschwindigkeitszug acht bis 14 Stunden. So bietet sich in vielen Fällen eine Nachtfahrt (»couchette«) an, die man aber auf jeden Fall rechtzeitig vorher reservieren sollte.

Die reguläre Fahrkarte Frankfurt–Rennes (2. Klasse) kostet je nach Zug rund 150–300 €, am besten nach Sonderpreisen unter www.bahn.de schauen,

in Frankreich bei SNCF: www.sncf.com. Innerhalb der Bretagne gehört die TER-Bahn zu den wichtigsten regionalen Verbindungen. Für Urlauber bietet die Bahngesellschaft auch spezielle Rabattkarten (Uzuël-Abonnement) an. Infos unter www.ter.sncf.com/bretagne

MIT DEM FLUGZEUG

Am schnellsten gelangen Urlauber aus Deutschland, Österreich oder der Schweiz per Flugzeug in die Bretagne. Paris wird von jedem größeren Flughafen mehrmals am Tag angeflogen. Zielflughäfen in der Bretagne sind Brest, Rennes, Lorient, Quimper und Dinard. Gesellschaften, wie beispielsweise Air France (www.airfrance.de), bedienen u. a. die Strecken von Düsseldorf und Stuttgart über Paris nach Rennes. Easyjet (www.easyjet.com) fliegt vom Euro-Airport Basel Mulhouse Freiburg direkt nach Nantes. Mit etwas Glück finden Sie ein Low-Budget-Angebot im Internet oder über das Reisebüro.

Flughafen Rennes

Der größte bretonische Flughafen liegt 7 km außerhalb in Rennes-Saint-Jacques, an der D 177 im Südwesten. Die Buslinie 57 fährt direkt ins Zentrum. Aktuelle Ankunfts- und Abflugzeiten unter www.rennes.aeroport.fr

Jeder Reisende kann auf www.atmosfair.de und www.myclimate.org durch eine Spende für Klimaschutzprojekte für die CO_2-Emission seines Fluges aufkommen.

Auskunft

IN DEUTSCHLAND, ÖSTERREICH UND DER SCHWEIZ

Atout France, Französische Zentrale für Tourismus

– Postfach 100128 | 60001 Frankfurt | www.rendezvousenfrance.com | info.de@rendezvousenfrance.com
– Tel. 00 43/15 03 28 92 | http://at.rendezvousenfrance.com | info.at@rendezvousenfrance.com
– http://ch.rendezvousenfrance.com | info.ch@atout-france.fr

IN DER BRETAGNE

Comité Régional du Tourisme de Bretagne (Tourismusverband der Bretagne) H 4

1, rue Raoul Ponchon | 35069 Rennes | Tel. 02 99 36 15 15 | www.bretagne-reisen.de | tourism-crtb@tourisme bretagne.com

Office de Tourisme et des Congrès de Rennes Métropole H 4

11, rue Saint-Yves | Kapelle Saint-Yves | Tel. 02 99 67 11 11 | www.tourisme-rennes. com | Juli, Aug. Mo–Sa 9–19, So 11–13, 14–18, Sept.–Juni Mo 13–18, Di–Sa 10–18, So, feiertags 11–13, 14–18 Uhr

Buchtipps

Jean-Luc Bannalec, Bretonische Brandung (Goldmann Verlag, 2014) Auch der zweite Teil aus der Reihe von Kommissar Dupins Kriminalfällen gehört zu den großen Bucherfolgen der letzten Jahre. Es geht um drei Morde auf den sagenumwobenen Glénan-Inseln. Spannung ist dabei garantiert!

Nina George, Die Mondspielerin (Knaur HC, 2010) Eine verzweifelte Frau will sich das Leben nehmen und findet stattdessen in der Bretagne ihre große Liebe. Sie verliebt sich in den kleinen Küstenort Kerdruc. Ein netter Roman, um Land und Leute kennenzulernen.

Frederik Hetmann, Wo König Arthur schläft (Königsfurt-Urania Verlag, 2002) Wen die Welt der keltischen Märchen, Mythen und Sagen näher interessiert, sollte einen Blick in diese wunderschöne Märchensammlung werfen. Sie unterhält Leser jeden Alters.

Diplomatische Vertretungen

Deutsche Botschaft

13–15, avenue Franklin-D.-Roosevelt | 75008 Paris | Tel. 01 53 83 45 00 | www.paris.diplo.de

Österreichische Botschaft

6, rue Fabert | 75007 Paris | Tel. 01 40 63 30 63 | www.aussenministerium.at/paris

Schweizer Botschaft

142, rue de Grenelle | 75007 Paris | Tel. 01 49 55 67 00 | www.eda.admin.ch/paris

Feiertage

Fällt ein Feiertag auf einen Dienstag oder Donnerstag, so sind am Montag bzw. am Freitag Behörden, Banken und Geschäfte in der Regel geschlossen.

1. Januar Jour de l'An (Neujahr)
1. Mai Fête du travail (Tag der Arbeit)
8. Mai Victoire 1945 (Waffenstillstand 1945)

14. Juli Fête nationale (französischer Nationalfeiertag)

15. August Assomption (Mariä Himmelfahrt)

1. November Toussaint (Allerheiligen)

11. November Armistice 1918 (Waffenstillstand 1918)

25. Dezember Noël (Weihnachten)

Dazu kommen die beweglichen Feiertage: Lundi de Pâques (Ostermontag), Ascension (Christi Himmelfahrt) und Pentecôte (Pfingsten).

Geld

In Frankreich ist die Bezahlung mit Kreditkarte üblicher als in Deutschland – ob im Supermarkt, an der Tankstelle, im Restaurant oder an den Park- oder Fahrscheinautomaten. Bei vielen Banken gibt es einen 24 Stunden aktiven Automaten, der meistens neben den üblichen Kreditkarten auch die Maestro-Karte akzeptiert.

Links und Apps

LINKS

www.breizh.de

Das Online-Magazin informiert zur Musik- und Literaturszene in der Bretagne. Ebenso finden Sie hier aktuelle Konzert- und »Fest-noz«-Tipps.

www.bretagne-reisen.de

Umfangreiche Infos zu Sehenswürdigkeiten, den bretonischen Inseln, Kultur, Wellness und Aktivurlaub auf dem Festland und den Inseln. Der Tourismusverband der Bretagne bietet aber auch »echte bretonische Erlebnisse« auf der Website an – spannende Ausflüge wie Strandfischen, Segeltörns, Wanderungen etc. Ebenso können Sie hier Hotels, Gästehäuser und Ferienwohnungen buchen oder nach interes-

santen Musik- und Kulturveranstaltungen in der Region Ausschau halten.

www.bretagne-tip.de

Infos zur Bretagne, den Küstengebieten, dem Landesinneren, Kultur, Essen und zur Sprache – angereichert durch ein paar Literaturtipps.

www.bretagne-virtuell.de

Eine interessante Linksammlung – von allgemeinen Infos über Kultur, Kunst, Tipps für Museen und Schlösser bis hin zu Schiffstouren.

APPS

Essence Free App

Gut für die Fahrt: Mit dieser App können Sie Tankstellen in der Bretagne finden und Benzinpreise vergleichen.

Kostenlos | für Android und iOS

Gezeiten App

Die App von Top Marée informiert übersichtlich über aktuelle Gezeiten rund um die Küste von Frankreich (inkl. der Bretagne). Einfach den gewünschten Ort einstellen, und Infos wie etwa der momentane Gezeitenstand oder die Zeiten des niedrigsten und höchsten Wasserstandes können auf dem iPhone, Smartphone oder Tablet abgerufen werden.

Kosten 3 € | für Android und iOS

Medizinische Versorgung

KRANKENHAUS

Krankenhäuser gibt es in allen Städten, u. a. in Rennes, Saint-Malo, Ploërmel, Brest, sogar auf der Insel Belle-Île. Die meisten Ärzte verstehen Englisch.

APOTHEKEN

Apotheken sind meist Mo–Sa von 8–12 und 14.30–20 Uhr geöffnet. Es gibt

Nacht- und Bereitschaftsapotheken, die aber rotieren. Bei Notfällen sollten Sie am besten immer im Hotel oder Gästehaus nachfragen.

Aktuell geöffnete Apotheken unter www.pharmaciesdegarde.com

Nebenkosten

1 Tasse Kaffee .... ca. 1,30 €
1 Bier (Flasche) .... ca. 2,50 €
1 Cola.......................... 2,10–2,80 €
1 Baguette .... ca. 1,00 €
1 Schachtel Zigaretten ..... 6,00–7,00 €
1 Liter Benzin ....ca. 1,60 €
Öffentl. Verkehrsmittel
(Einzelfahrt).................... ca. 2,00 €
Mietwagen/Tag .... ab 50,00 €

Notruf

Polizei, Feuerwehr, Rettungsdienst
Tel. 112

Post

Die Briefkästen in Frankreich sind gelb. In Tabakläden und Postfilialen erhalten Sie Briefmarken. Eine Postkarte nach Deutschland, Österreich und in die Schweiz kostet 0,95 €.

Regionen-Card

Am besten bei den jeweiligen Offices de Tourisme erkundigen, ob es eine spezielle Karte für Ermäßigungen (Museen etc.) gibt. Einige bieten dies an.

Reisedokumente

Deutsche, Österreicher und Schweizer können mit einem gültigen Personalausweis (Identitätskarte) oder Reisepass einreisen. Kinder benötigen einen Kinderausweis (ab 10 Jahre mit Lichtbild).

Reiseknigge

In den Restaurants, Bars und Cafés wird Trinkgeld erwartet. Lassen Sie das »pourboire« beim Verlassen des Restaurants einfach auf dem Tisch liegen. Üblich sind rund 10 %.

Reisezeit

Die Saison reicht in der Bretagne von Juni bis September, wobei die Hauptsaison in den Monaten Juli und August liegt. Die milden Monate Mai und Juni bieten sich für diejenigen an, die sich nicht nach den Schulferien richten müssen. Die Natur erwacht – mit blü-

Klima (Mittelwerte)

	Januar	Februar	März	April	Mai	Juni	Juli	August	September	Oktober	November	Dezember
Tages-temperatur	9	9	11	12	15	18	20	20	19	16	12	10
Nacht-temperatur	4	4	5	6	8	11	12	13	12	10	6	5
Sonnen-stunden	2	3	4	6	7	7	7	7	6	4	3	2
Regentage pro Monat	18	15	16	11	11	9	8	9	10	13	15	16
Wasser-temperatur	10	10	10	10	12	14	15	16	15	14	13	11

henden Hortensien. Optimal auch für Wanderer: Kein Küstenwanderweg ist überlaufen. In den Sommermonaten hat das Meer die wärmsten Temperaturen, aber auch die Luft ist schön warm, meist so um die 24 Grad. Dann kommen jedoch auch viele Franzosen in die westliche Region, Hotels und Ferienwohnungen, gerade an den Küsten, sind oft ausgebucht. Also in der Sommersaison am besten schon ein paar Monate vorher buchen. Die Südküste ist insgesamt etwas milder und regenärmer als der Norden und Westen. Allerdings kann es auch mal im August einen ordentlichen Regenguss geben. Im September besuchen gern Kultururlauber und Küstenfreunde – ohne große Badeambitionen – die Region. Von Oktober bis März schließen viele Hotels.

Strom

220 Volt Wechselstrom, die bei uns üblichen Stecker passen meist.

Telefon

VORWAHLEN

D, A, CH ▶ **Frankreich** 00 33
Frankreich ▶ **D** 00 49
Frankreich ▶ **A** 00 43
Frankreich ▶ **CH** 00 41

In ganz Frankreich wird die zehnstellige Rufnummer gewählt, auch innerhalb eines Ortes. Um vom Ausland in der Bretagne anzurufen, lassen Sie die 0 vor der Rufnummer weg. Das Mobilfunknetz basiert auf dem GSM-Standard.

Verkehr

AUTO

Auf den Autobahnen herrscht für Pkw eine maximale Höchstgeschwindigkeit von 130 km/h. Der Richtpreis für die Mautstellen, die es an manchen Autobahnen gibt, ist ca. 5 € pro 100 km. Die Nationalstraßen sind kostenfrei. Die Höchstgeschwindigkeit für Pkw dort liegt bei 110 km/h, bei Nässe 100 km/h. Auf den schmalen Département-Straßen (Landstraßen) darf höchstens 90 km/h, bei Nässe 80 km/h gefahren werden. Überall in der Bretagne gibt es Kreisverkehre (»ronds points«). Stets gilt: Wer im Kreis ist, hat Vorrang, sofern kein Verkehrsschild oder Polizist Gegenteiliges anzeigt. »Toutes directions« beschildert die Ortsdurchfahrten, »par la côte« die Streckenvarianten entlang der Küste. Die Promillegrenze liegt bei 0,5. Seit 2012 gilt: Motorisierte Fahrer müssen einen Atem-Alkoholtester mit sich führen, sonst gibt es ein Verwarngeld. Erhältlich sind sie an Tankstellen und beim ADAC.

Manche Tankstellen sind nach Feierabend oder am Sonntag zwar geöffnet, jedoch ohne Personal, sodass Sie an Automaten zahlen müssen, die nur Kreditkarten akzeptieren – mit Chip und PIN. Tanken Sie zur Sicherheit am besten während der regulären Ladenöffnungszeiten, dann ist immer jemand vor Ort, und Autofahrer können auch bar bezahlen.
– Pannenhilfe: Tel. 08 00/08 92 22 (24/7)
– ADAC (Notruf): Tel. 00 49/89 22 22 22

FAHRRAD

Auch wer nur kurze Strecken mit dem Rad während seines Urlaubs in der Bretagne zurücklegt, kann die Sportart in der Region genießen: Es herrscht wenig Verkehr auf den schmalen Straßen neben den Hauptrouten, und die Landschaft ist geprägt von Heidefeldern,

Hügeln und schönen Küstenabschnitten. Kein Wunder, dass Radfahren auch in der Bretagne ein Volkssport ist.

Touristisch ist man hier auf Radler gut eingestellt, Tourenradler finden in den Gîtes d'Étape günstige Unterkünfte am Rande der Strecken. Die auf Radfahrer ausgerichteten Häuser mit dem Beinamen »Accueil Vélo« bieten größtenteils Fahrraddräume, Reinigungsbereiche, Waschräume, Gepäcktransport, geeignete Verpflegung und Informationen zu den Routen. In vielen Orten, Städten und auch auf den Inseln vermieten Verleiher Räder – vom Mountainbike mit oder ohne Korb bis zum Tourenrad mit oder ohne Helm. Und in den Badeorten werden für Gruppen sogenannte Spaßräder bereitgestellt.

Um die Bretagne mit dem Rad zu erkunden, steht sportlichen Gästen ein über 1300 km langes Netz aus acht grünen Routen (»voies vertes«) und »véloroutes« zur Verfügung. Die ehemaligen Treidelpfade, Bahntrassen und kleinen Straßen führen quer durch die bretonische Landschaft. Die flachen Strecken sind auch für gemütliche Radler und Kinder leicht zu schaffen. Entlang der Flüsse, Kanäle und Küsten bietet sich ein herrliches Panorama. Sportlicher wird die Fahrt im Gebirgsmassiv der Monts d'Arrée, aber oben werden Radfreunde mit einem weiten Blick über die Region bis zur Küste belohnt.

Die Tour de Manche (Ärmelkanal-Tour) wurde 2013 eröffnet. Diese Radstrecke führt von der Normandie über die Smaragdküste und die Rosa-Granit-Küste bis nach Roscoff. Von hier bringt eine Fähre die Radler nach Plymouth, wo sie ihre Radtour im englischen Cornwall fortsetzen können.

Infos zum Radwegenetz, zu Routen, Übernachtungsmöglichkeiten und zu Fahrradvermietern in der Bretagne unter http://cycling.brittanytourism.com

MIETWAGEN

An den Flughäfen und in den größeren bretonischen Städten sind die bekannten Autoverleiher und oft auch regionale Vermieter ansässig. Meistens gilt: Ohne Kreditkarte geht nichts. In der Saison und bei längerer Anmietung ist die Buchung von zu Hause bzw. im Internet häufig günstiger.

ÖFFENTLICHE VERKEHRSMITTEL

Boot: Fähren verbinden die bretonischen Inseln mit dem Festland. Touristische Urlaubsziele, wie die Insel Belle-Île-en-Mer, werden in der Hauptsaison fast im Pendelverkehr angefahren. Räder können meist problemlos mit an Bord genommen werden.

Bus: Linienbusse verbinden weite Teile der Bretagne miteinander, sie ergänzen gut das kleine Schienennetz. Allerdings hält an den Haltestellen (»arrêts«) der kleinen Orte und Dörfer werktags oft nur zweimal täglich ein Bus. Auf größeren Routen sind die Verbindungen regelmäßiger. Auf den Strecken quer durch die Region, die nicht ans Bahnnetz angebunden sind, wie auch auf den Routen zu den größeren Attraktionen (wie Mont-Saint-Michel oder Pointe du Raz) wird häufiger gefahren – bis zu zwölfmal täglich.

Mehrere Gesellschaften teilen sich die Branche. Neben den großen privaten Unternehmen C.A.T., Tourisme Verney oder Courriers Bretons gibt es noch die staatliche TER. Die Preise sind gleich. Die Busterminals – »gares routières« – liegen in größeren Ortschaften in der Nähe des Bahnhofs.

Straßen- und U-Bahn: In Brest verkehren seit 2012 Straßenbahnen, in Rennes seit 2002 eine U-Bahn (Métro) mit 15 Stationen (Tickets ab 1,30 €).

TAXI

Taxis in den Städten und Ortschaften finden Sie unter www.taxi.fr/taxi/bretagne oder Sie fragen in Hotels bzw. Gästehäusern nach lokalen Taxiunternehmen. In Brest können Sie ein Taxi z. B. unter Tel. 02 98 80 18 01 bestellen.

Zeitungen und Zeitschriften

Der bretonische »Ouest France« mit seinen 40 verschiedenen Lokalausgaben ist Frankreichs größte Zeitung. Regionale Nachrichten, wie aktuelle Kulturevents oder das Wetter, finden Sie im »Ouest«. Im Westen der Bretagne erscheint zudem die Konkurrenzzeitung »Le Télégramme«. In der Hochsaison sind in den größeren Urlaubsorten auch deutsche Zeitungen und Zeitschriften zu bekommen, in den größeren Städten wie Rennes oder Brest das ganze Jahr über. Deutschsprachige bretonische Zeitungen gibt es nicht.

Zoll

Reisende aus Deutschland und Österreich dürfen Waren mit nach Hause nehmen, wenn sie für den privaten Gebrauch bestimmt sind. Zigaretten mitzunehmen lohnt sich nicht, da sie in Frankreich teurer sind. Es gibt aber Richtmengen, die nicht überschritten werden sollen, z. B. 90 l Wein. Weitere Informationen unter www.zoll.de und www.bmf.gv.at/zoll.

Waren im Wert von 300 SFr dürfen Schweizer mit nach Hause nehmen, wenn diese für den privaten Gebrauch bestimmt sind. Tabak und Alkohol fallen nicht unter diese Grenze, 2 l Wein bleiben abgabenfrei (www.zoll.ch).

Entfernungen (in km) zwischen wichtigen Orten

	Brest	Dinan	Guingamp	Morlaix	Nantes	Quimper	Rennes	Saint-Brieuc	Saint-Malo	Vannes
Brest	–	203	113	58	297	71	241	146	234	186
Dinan	203	–	92	147	161	200	53	62	34	119
Guingamp	113	92	–	57	236	120	130	35	123	116
Morlaix	58	147	57	–	290	82	185	90	178	165
Nantes	297	161	236	290	–	232	108	204	178	112
Quimper	71	200	120	82	232	–	214	153	231	121
Rennes	241	53	130	185	108	214	–	99	70	113
Saint-Brieuc	146	62	35	90	204	153	99	–	90	117
Saint-Malo	234	34	123	178	178	231	70	90	–	180
Vannes	186	119	116	165	112	121	113	117	180	–

Literarische Streifzüge durch die Welt –
mit beliebten Autoren die schönsten Regionen
und Metropolen entdecken.

MERIAN

erzählt

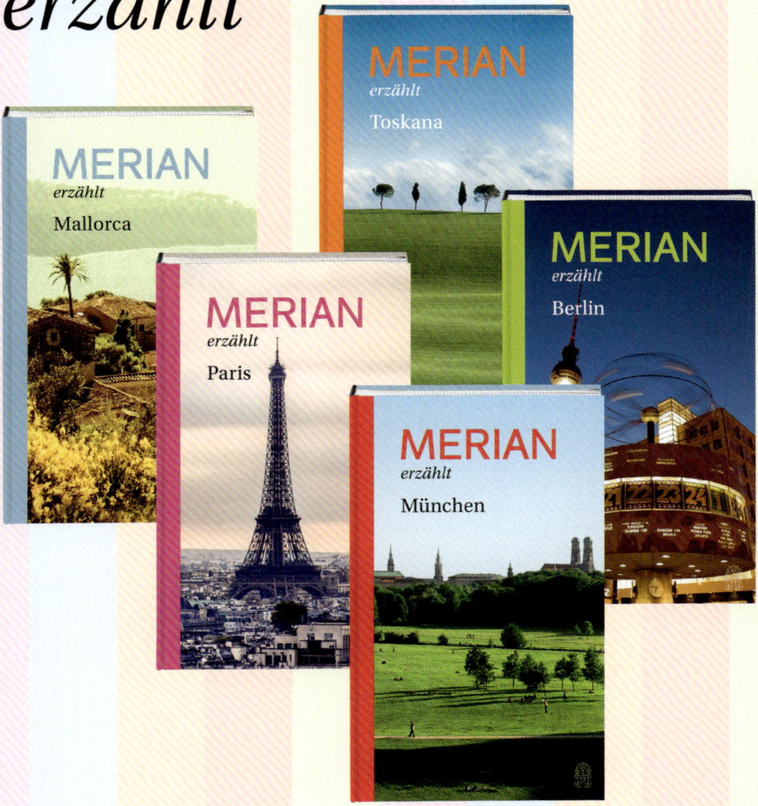

MERIAN
erzählt
Toskana

MERIAN
erzählt
Mallorca

MERIAN
erzählt
Paris

MERIAN
erzählt
Berlin

MERIAN
erzählt
München

Hoffmann und Campe

ORTS- UND SACHREGISTER

Wird ein Begriff mehrfach aufgeführt,
verweist die **fett** gedruckte Zahl auf die Hauptnennung.
Abkürzungen: Hotel [H] · Restaurant [R]

GESTERN & HEUTE

Ganz in der Nähe des berühmten Klosters Mont-Saint-Michel erstreckt sich an der Côte d'Émeraude das Küstenstädtchen **Cancale** (▶ S. 83). Schon um das Jahr 1900 ernteten hier Strandfischer die begehrten Austern, die unter Kennern einen sehr guten Ruf genießen. Noch immer ist der gemütliche Hafenort die Austernhochburg der Bretagne. Im Hafen können Liebhaber auf einem kleinen Markt die Krustentiere direkt von den Fischern kaufen und noch vor Ort verzehren.

Liebe Leserinnen und Leser,

vielen Dank, dass Sie sich für einen Titel aus unserer Reihe MERIAN *momente* entschieden haben. Wir wünschen Ihnen eine gute Reise. Wenn Sie uns nun von Ihren Lieblingstipps, besonderen Momenten und Entdeckungen berichten möchten, freuen wir uns. Oder haben Sie Wünsche, Anregungen und Korrekturen? Zögern Sie nicht, uns zu schreiben!

Alle Angaben in diesem Reiseführer sind gewissenhaft geprüft. Preise, Öffnungszeiten usw. können sich aber schnell ändern. Für eventuelle Fehler übernimmt der Verlag keine Haftung.

© 2016 TRAVEL HOUSE MEDIA
GmbH, München
MERIAN ist eine eingetragene Marke der
GANSKE VERLAGSGRUPPE.

TRAVEL HOUSE MEDIA
Postfach 86 03 66
81630 München
merian-momente@travel-house-media.de
www.merian.de

Alle Rechte vorbehalten. Nachdruck, auch auszugsweise, sowie die Verbreitung durch Film, Funk, Fernsehen und Internet, durch fotomechanische Wiedergabe, Tonträger und Datenverarbeitungssysteme jeglicher Art nur mit schriftlicher Genehmigung des Verlages.

BEI INTERESSE AN MASSGESCHNEIDERTEN MERIAN-PRODUKTEN:
Tel. 0 89/4 50 00 99 12
veronica.reisenegger@travel-house-media.de

BEI INTERESSE AN ANZEIGEN:
KV Kommunalverlag GmbH & Co KG
Tel. 0 89/9 28 09 60
info@kommunal-verlag.de

1. Auflage

VERLAGSLEITUNG
Michaela Lienemann
REDAKTION
Juliane Helf
LEKTORAT
Ewald Tange, tangemedia, München
BILDREDAKTION
Tobias Schärtl
SCHLUSSREDAKTION
Ulla Thomsen
HERSTELLUNG
Bettina Häfele, Katrin Uplegger
SATZ/TECHNISCHE PRODUKTION
Ewald Tange, tangemedia, München
REIHENGESTALTUNG
Independent Medien Design, Horst Moser, München (Innenteil), La Voilà, Marion Blomeyer & Alexandra Rusitschka, München und Leipzig (Coverkonzept)
KARTEN
Gecko-Publishing GmbH für MERIAN-Kartographie
DRUCK UND BINDUNG
Printer Trento, Italien

Ein Unternehmen der
GANSKE VERLAGSGRUPPE

PEFC/18-31-506

BILDNACHWEIS
Titelbild (Phare du Petit Minou bei Brest): AWL Images: M. Bottigelli
AWL Images: Hemis 12 | Bildagentur Huber: Belenos PS 133, von Dachsberg 131, Dutton Colin 91, Fantuz Olimpio 4/5, Kremer 86, M. Ripani 107 | Chateau des Tesnières: P. Kooijman 25 | Corbis: C. Courteau/Water Rights 55, T. Hurst/Masterfile 20/21, J. Lescourret 89, G. Thouvenin/Robert Harding World Imagery 129 | Cottage Les Rimains: B. Teillet 22 | FLB 144r | fotolia.com: DreanA 108, Moustique 14, oscity 13l, Rico K. 13r, Tilio & Paolo 56/57 | gemeinfrei 122, 142l, 142r, 143, 144l, 145 | Getty Images: AFP 53, Hiroshi Higuchi/Collection: Photolibrary 111, Philippe Manguin Photographies/Collection: Moment Open 74, B. Stichelbaut/hemis.fr 136/137, R. Viollet/ND, Collection: 160o | laif: E. Berthier/hemis.fr 16, 26, 46, 114, 135, C. Boisvieux/HOA-QUI 51, J. Chatin/EXPANSION-REA 38, B. Rieger/hemis.fr 104, M. Dozier/hemis.fr 2, 138, Le Figaro Magazine 19, P. Hauser/hemis 52, G. Knechtel 41, O. Leclercq/hemis.fr 42, 126/127, R. Mattes/hemis.fr 54, 61, H. Meyer 15, T. & B. Morandi 112, J. Moschetti/REA 62, J. Sudres/hemis 29 | look-foto: age fotostock 58, 95, SagaPhoto 82 | S. Malt 30 | mauritius images: age 71, 92, 117, alamy 6, 65, 66, 68, 78, 160u | Océanopolis 96 | M. Renac 48 | Shutterstock: foto76 34, IgorGolovniov 141, jaroslava V 140l, Paul Fleet 140r, Syda Productions 17 | Villa Pen Prad 18